AF423112

# Fiche de lecture illustrée

# Petit Pays

## de Gaël Faye

par Frédéric Lippold

Cette étude est basée sur le roman *Petit Pays* de Gaël Faye, publié en 2016 chez Grasset.

Si vous souhaitez une version numérique de cette fiche de lecture (pour travailler dessus sur votre ordinateur, par exemple), vous pouvez en faire la demande par e-mail à *contact@exercices-a-imprimer.com*

# Table des matières

Gaël Faye est un écrivain et artiste-interprète. Il est né en 1982 au Burundi, d'un père français et d'une mère rwandaise.

Il commence à écrire à l'âge de 11 ou 12 ans, au Burundi.[1] Bientôt, à cause des graves troubles se déroulant au Burundi et au Rwanda, il doit quitter sa région natale. Sa famille s'installe en région parisienne, à Versailles plus précisément. C'est un choc pour Gaël Faye : « *La ville, les gens, les saisons… Tout changeait. L'adaptation, le racisme, l'anonymat aussi. C'est une particularité des grandes villes, on peut rapidement être anonyme.* »

Scolarisé au lycée Jules-Ferry de Versailles, c'est à l'adolescence qu'il découvre le rap, au travers d'un ami qui habitait comme lui dans les Yvelines (sud-ouest de Paris). Il lit beaucoup à la bibliothèque proche et continue d'écrire.

Après le baccalauréat, il fait des études de finances, reste deux ans à Londres puis revient en France en 2008, pour se consacrer à la musique et à l'écriture. Son premier album solo, « *Pili-pili sur un croissant au beurre* », paraît en 2013.

En 2016, il publie son premier roman, « *Petit Pays* ». Ce livre est un grand succès : il est récompensé par plusieurs distinctions, comme le Prix roman Fnac et le Goncourt des lycéens. Aujourd'hui, « *Petit Pays* » est traduit en une quarantaine de langues.

En 2017 Gaël Faye sort son second album « *Rythmes et Botanique* » dont il a écrit les textes au Rwanda. En 2019, son roman est adapté au cinéma. L'accueil du film semble avoir un peu déçu l'auteur : « *Le film est sorti, il a rencontré son public, mais il n'a pas forcément eu le succès qu'il aurait dû avoir.* »[2] Ceci est notamment dû à l'épidémie de Covid-19, qui a perturbé la promotion du long-métrage.

En 2020, Gaël Faye sort un livre pour enfants intitulé « *L'Ennui des après-midi sans fin* ». En novembre 2020, Gaël Faye sort son nouvel album, « *Lundi Méchant* », au terme de difficultés liées au contexte sanitaire (l'interprète a notamment contracté la Covid-19 et a mis longtemps à s'en remettre). Il continue d'écrire et souhaite publier d'autres ouvrages.

---

[1] Entretien avec Yvelines-Infos - 20 juin 2017

[2] Entretien avec La Presse.ca - 16 novembre 2020

## Hutu, Tutsi, Twa

*Photographie de trois hommes originaires de la région rwandaise.*
*À gauche, l'homme est un **Tutsi**. Au milieu, il s'agit d'un **Hutu**. À droite, c'est un **Twa**.*
*On appelle **Banyarwandas** ces gens originaires de l'ancien Royaume de Rwanda.*

La question ethnique dans la région du Rwanda, et plus généralement en Afrique, est infiniment complexe.

Les ethnies **Hutu** et **Tutsi** sont au centre du roman de Gaël Faye.

Les Hutu sont une population bantoue d'Afrique centrale. On estime leur nombre à 26 000 000, dont 20 000 000 au Rwanda et au Burundi ; ils représentent **85 % de la population de ces deux pays**. Les Hutu sont dépeints, dans le prologue de *Petit Pays*, comme des gens « *petits avec de gros nez* ».

Les Tutsi sont décrits dans ce même prologue comme « *beaucoup moins nombreux que les Hutu, (…) grands et maigres avec des nez fins et on ne sait jamais ce qu'ils ont dans la tête* ». On compte environ 2 825 000 de Tutsi, soit à peu près 10 fois moins que les Hutu. Traditionnellement, le mot Tutsi désignait les éleveurs possédant de nombreuses vaches, tandis que les agriculteurs, d'un rang inférieur dans la hiérarchie socio-économique, étaient dénommés Hutu.

Toutefois, cette différenciation est parfois arbitraire. Il peut être bien difficile de savoir si une personne est Hutu ou Tutsi ; beaucoup ont même des parents des deux ethnies. Le physique, trompeur, a souvent été le référent pour déterminer l'appartenance à tel ou tel groupe.

En outre, cette distinction entre ethnies a été accentuée par une longue construction ethno-raciale, héritée de la colonisation. La « *Toussaint rwandaise* » en 1960, qui porte au pouvoir la majorité hutue, voit l'exil d'environ 8 000 Tutsi. Les premiers massacres commenceront dès l'année suivante. Ces meurtres, commis jusqu'à la fin des années 90, résultent en partie des vexations, injustices et crimes commis de part et d'autre, qui ont alimenté un esprit de vengeance.

# Le Burundi, ancienne colonie frappée par la guerre civile

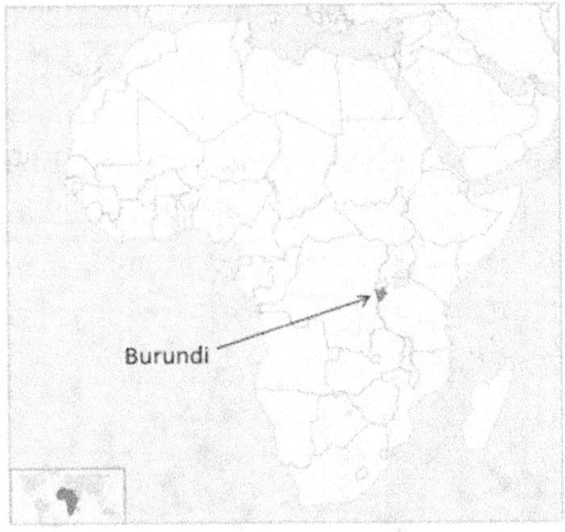

Le Burundi compte environ 12 millions d'habitants et sa superficie équivaut à celle de la Bretagne.

Depuis son **indépendance en 1962** concédée par la Belgique, le pays a été secoué par des **guerres civiles** opposant le plus souvent Hutu et Tutsi. Elles eurent lieu en 1965, 1972 (avec un premier génocide : 200 000 Hutu sont tués par l'armée tutsie), 1988, 1991 et enfin en 1993. Jusqu'à cette date, la minorité tutsie détenait les rênes du pouvoir (Pierre Buyoya, un Tutsi, est alors l'homme fort – il détenait le pouvoir entre 1987 et 1993, et le reprendra plus tard le pouvoir entre 1996 et 2003).

C'est durant la triste année 1993 que le président **Melchior Ndadaye** (Hutu), démocratiquement élu le 1er juin 1993, est assassiné seulement 4 mois après son élection, avec six de ses ministres. Les Hutu veulent venger la mort de leur président et s'attaquent aux Tutsi, qu'ils jugent responsables du meurtre. L'armée, voulant protéger les Tutsi, riposte contre les Hutu.

Les dirigeants, essentiellement des Tutsi, ne parviennent alors pas à consolider leur pouvoir ; le pays s'enfonce dans la guerre civile.

*En 1993, la population fuit le Burundi durant le génocide*

Durant la guerre civile, Sylvie Kinigi (à l'époque premier ministre) devient *de facto* chef de l'Etat. Quelques mois plus tard, en février 1994, l'assemblée nomme comme président **Cyprien Ntaryamira** (du FRODEBU, parti de la majorité hutue). Ce dernier meurt 2 mois plus tard, le 6 avril 1994, alors qu'il était à bord de l'avion présidentiel du chef d'Etat rwandais **Juvénal Habyarimana** (lui aussi Hutu). L'avion est abattu au-dessus de la capitale rwandaise par un missile : les deux hommes sont tués avec les dix autres occupants.

Les Tutsi sont immédiatement pointés du doigt.[3] De fortes tensions surgissent après cet événement, au Burundi comme au Rwanda (avec de nombreux massacres contre les Tutsi). Le président burundais Sylvestre Ntibantunganya (Hutu) est au pouvoir durant cette période de conflit. La situation dégénère et les violences s'intensifient encore fin 1995. On dénombre au total **plus de 300 000 morts.**

En juillet 1996, à la suite de nouveaux massacres contre les Tutsi, l'ancien président Pierre Buyoya (Tutsi) reprend le pouvoir par un **second coup d'État.** Buyoya joue alors un « *rôle déterminant* »[4] dans la signature des **accords de paix d'Arusha**, en 2000, qui établit un partage du pouvoir entre Hutu et Tutsi.

En 2005, **Pierre Nkurunziza** (de père hutu et de mère tutsi), ancien dirigeant du principal groupe armé hutu pendant la guerre civile, est élu par un parlement issu de l'accord d'Arusha, lequel consacre le partage du pouvoir entre Hutu et Tutsi. C'est la **fin officielle de la guerre civile burundaise**, qui aura duré plus de 11 ans ( 21 octobre 1993 - 15 mai 2005). La situation se pacifie durant les premières années. Toutefois, Pierre Nkurunziza va régner de façon assez autoritaire ; sa réélection en 2015 est contestée et des heurts font des dizaines de victimes à travers le pays.

---

[3] Les responsabilités dans cet attentat ne sont pourtant pas bien établies, encore aujourd'hui.

[4] « *Burundi : Pierre Buyoya, entre coups d'Etat et compromis* », le Monde, décembre 2020

En octobre 2019 s'ouvre le procès de plusieurs hauts-gradés de l'ancienne armée, soupçonnés d'avoir fomenté l'assassinat de l'ancien président.

En juin 2020, Pierre Nkurunziza succombe d'un « *arrêt cardiaque* » ; il aurait contracté la Covid-19 et en serait mort. Quelques mois plus tard (décembre 2020), c'est Pierre Buyoya, ancien président du pays, qui décède lui aussi de la même maladie.

**Évariste Ndayishimiye** (Hutu), élu en mai 2020, prend la suite de Pierre Nkurunziza ; l'avenir du Burundi reste encore incertain, même si le chef de l'État a fait un geste fort le 24 décembre 2020, en accordant la grâce présidentielle à quatre journalistes d'un hebdomadaire indépendant, incarcérés depuis 430 jours.

## Bujumbura, capitale économique du Burundi

Bujumbura est un symbole de la diversité ethnique du pays, mais aussi de la **ségrégation** : l'autorité coloniale belge avait instauré en 1926 une occupation de la ville basée sur une séparation des communautés : un espace résidentiel propre aux colons (Belges), le centre-ville pour les Grecs (tenanciers des commerces, hôtels, restaurants), quartier asiatique (essentiellement des Indiens), village swahili, quartier congolais (petits agents d'administration) et enfin, faubourgs du nord pour les Burundais et Rwandais. Cette occupation était conditionnée par une « *autorisation écrite de l'autorité territoriale* » (ordonnance du 29 mars 1926) sans laquelle on pouvait s'exposer à une condamnation pénale. Tout ceci illustre bien l'autoritarisme du pouvoir colonial.

Aujourd'hui, Bujumbura (1,2 million d'habitants) est une ville dynamique. C'est le siège du gouvernement mais aussi celui des plus hautes instances politiques, syndicales et militaires.

*Bujumbura en 2020 (Crédits photo : Urban Africa)*

# Le Rwanda, voisin et « faux frère » du Burundi

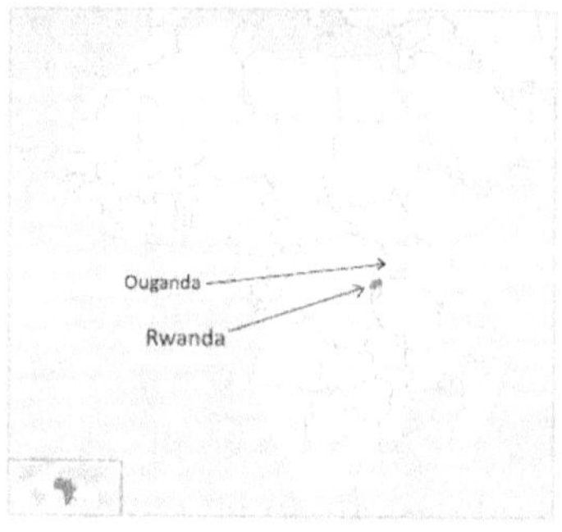

Le Rwanda, « petit pays » lui aussi (superficie similaire à celle du Burundi), a été l'un des derniers pays d'Afrique colonisé. Il fut contrôlé par l'Allemagne à partir de 1894, puis par la Belgique à partir de 1919 (des conséquences du Traité de Versailles). Les autorités belges s'appuyèrent sur la minorité Tutsi, classe dominante traditionnelle, pour asseoir leur pouvoir.

Le pays accède à l'indépendance en juillet 1962. Hélas, un an et demi plus tard, de graves troubles éclatent et la minorité Tutsi est victime d'un premier **massacre** en décembre 1963 : on dénombre **entre 8 000 et 12 000 morts** (dans le roman, c'est à cette occasion qu'Yvonne fuit la capitale, Kigali, pour se réfugier au Burundi).

Dans les années 90, le climat politique et médiatique alimente un discours anti-Tutsi (basé sur l'ethnisme). Cela suscite une certaine inquiétude chez cette minorité ; certains Tutsi de la région s'engagent dans le FPR en vue de renverser le gouvernement rwandais.[5]

*Des soldats du FPR, en 1994*

Une nouvelle guerre éclate le 1er octobre 1990, lorsque les rebelles du FPR (Front patriotique rwandais, à dominante Tutsi) basés en Ouganda, **attaquent le Rwanda.**[6] Cette « Armée patriotique rwandaise » est essentiellement composée de réfugiés, dont de nombreux Tutsi. Le conflit durera plus de deux ans ; un cessez-le-feu est signé en juillet 1992.

---

[5] Dans le roman, Pacifique (l'oncle du personnage principal) parle des « *politiciens* » qui « *tiennent des discours de haine* » malgré les accords de paix (chapitre 9).

[6] Gabriel évoque cet épisode au chapitre 9 : « *L'année de mes huit ans, la guerre avait éclaté au Rwanda. C'était au tout début de mon CE2. On avait entendu sur RFI que des rebelles – qu'on appelait le Front patriotique rwandais (FPR) – avaient attaqué le Rwanda par surprise* »

Une nouvelle offensive est menée le 8 février 1993 par le FPR, qui rompt le cessez-le-feu.[7] Cette attaque est mal perçue par l'essentiel des Hutu, au regard des règlements de compte brutaux et des violences commises ; on compte 1 000 000 de personnes déplacées et environ 40 000 morts.

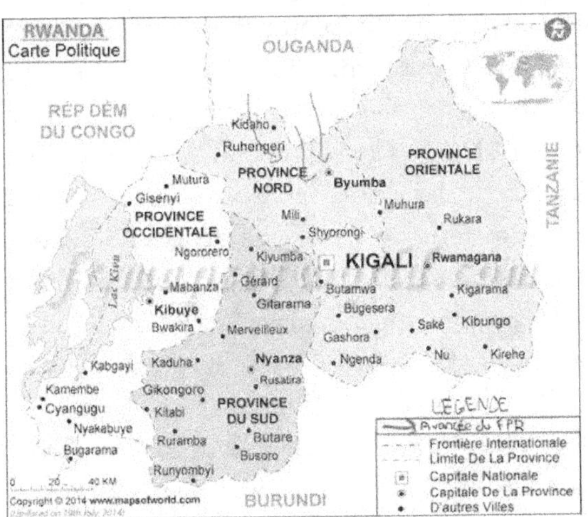


Le FPR cesse pourtant les combat le 20 février 1993, après l'annonce du renforcement du contingent de soldats français à Kigali, et les mauvais échos de cette attaque auprès des Hutu de la capitale.

En avril 1994, après l'attentat du 6 avril 1994 contre l'avion présidentiel rwandais la violence éclate de nouveau : 600 000 personnes sont tuées après les appels au meurtre contre les Tutsi (de nombreux Hutu sont également tués, notamment des modérés considérés comme traîtres).

Paul Kagamé, chef des FPR, mène alors une nouvelle offensive contre le gouvernement rwandais. Victorieux, le FPR finit par contrôler l'essentiel du pays le 17 juillet 1994 ; le génocide des Tutsi prend fin.

Paul Kagamé deviendra par la suite vice-président et, à compter de 2000, président du Rwanda.

*

Beaucoup de zones d'ombre subsistent encore autour de l'attentat de 1994 et du génocide qui s'ensuivit. On reproche aux institutions présentes sur place leur **passivité face aux massacres** : ainsi, l'ONU est critiquée pour ne pas avoir assez pris en compte les menaces réelles qui existaient à l'encontre des Tutsi ; faute de

---

[7] Cette offensive est évoquée au chapitre 11.

préparation, de moyens et d'une trop lourde bureaucratie, la force des Casques Bleus de l'ONU n'a pas été en mesure de protéger efficacement la population. D'autres accusations plus graves visent la France : le pouvoir français (sous la présidence de François Mitterrand) est accusé d'avoir soutenu le régime hutu contre le FPR à partir des années 90 en offrant un soutien diplomatique, financier et militaire. Le pays serait donc impliqué dans les massacres puisqu'il aurait équipé le régime rwandais, qui se rendra coupable de génocide. Ces critiques semblent légitimes : en 2020, le Conseil d'Etat a rendu accessibles des archives concernant la politique de la France au Rwanda, à la demande de François Graner, physicien et directeur de recherche au CNRS. Selon lui, le constat est amer : « ***Plus on avance et plus le tableau est accablant.*** *À aucun moment, de 1990 à 1994, on n'observe de panique ou d'aveuglement à Paris (…) La politique de la France qui est appliquée au Rwanda est celle des décideurs, en particulier d'un petit noyau autour de François Mitterrand.* »[8] Pour ce chercheur, « *la politique française qui a été menée* [soucieuse de protéger son influence face aux anglophones] *est une complicité de génocide, au sens précis de "soutien actif, en connaissance de cause".* »

*François Mitterrand et Juvénal Habyarimana, le 10 décembre 1984 à Kigali.*
*Les travaux du rapport Duclert de 2021 pointent le double jeu d'Habyarimana, feignant le rôle de conciliateur devant la France, tout en dirigeant un « régime raciste, corrompu et violent » au Rwanda.*
*Après l'assassinat d'Habyarimana, son entourage proche (« l'akazu ») regroupé autour de la veuve Agathe Habyarimana, déclenchera les violences et massacres contre la minorité tutsie.*

Aujourd'hui, les relations diplomatiques entre la France et le Rwanda restent tendues.

Ces explications nous permettent de comprendre les passages du roman qui visent la France ; Yvonne accuse les Français d'être des « *assassins* » (chap. 26), tandis que les miliciens tutsis s'en prennent Ana et Gabriel qu'ils assimilent à des Français, et menacent leur père : « *Quant à vous deux, dites bien à votre père qu'on ne veut pas de vous, les Français, au Burundi. Vous nous avez tués au Rwanda* » (chap. 28).

---

[8] Entretien du *Monde* publié le 16 janvier 2021, propos recueillis par Pierre Lepidi et Piotr Smolar.

Enfin, la posture de l'homme fort du Rwanda, Paul Kagamé, est très ambiguë. On lui reproche entre autres des méthodes autoritaires et brutales, même au sein de son propre camp (on pensera aux exécutions de soldats du FPR en 1994). Certains politologues décrivent son pouvoir comme dictatorial ; des violations des droits de l'homme sont constatées au Rwanda par des ONG telles que Human Rights Watch ou Amnesty International, même si, au niveau économique et politique, le pays s'est redressé depuis les années 90.

En définitive, la région reste encore instable même si le risque d'un conflit aussi grave que celui de 1994 semble écarté.

## Personnages

### Gabriel, le narrateur

C'est le narrateur du roman. Gabriel est un garçon assez timide (chap. 11). Dès le prologue, il est décrit comme « *un vrai Tutsi* », car « *on ne sait jamais ce* (qu'il) *pense* ». On le surnomme « Gaby ».

Il vit une enfance assez confortable au Burundi, dans une grande demeure avec jardin, animaux domestiques, employés de maison… Dans l'impasse où il vit se trouvent ses quatre amis inséparables : les jumeaux, Gino et Armand. Il fait partie des « *enfants privilégiés du centre-ville et des quartiers résidentiels* » (chap. 17) mais à l'époque, il n'en a pas vraiment conscience.

Enfant métis, d'un père français et d'une mère rwandaise, il ne sait pas parler le kinyarwanda, la langue de sa mère, mais ne se considère pas français pour autant. Il semble être l'inverse de son ami Gino, qui « *savait exactement qui il était* » et tient à son identité rwandaise (chap. 11). À l'inverse, Gabriel **se sent bien au Burundi** et voudrait que les choses restent telles qu'elles sont ; **il ne partage pas ce rêve du retour au Rwanda**, que nourrit la famille de sa mère ainsi que Gino.

La situation s'assombrit à la séparation des parents, en fin d'année 1992. Il est anxieux face aux tensions qui entourent les élections présidentielles de juin 1993 et l'élection de Melchior Ndadaye. La situation s'apaise ensuite entre ses parents, et plus généralement dans le pays ; Gabriel fête ses 11 ans dans la joie (chap. 14).

À l'entrée du collège (chap. 15), il ne fait pas partie des gens populaires car il ne porte pas des habits de marque et n'est pas particulièrement drôle. De fait, il constate amèrement : « *personne ne nous calcule, les filles s'en foutent bien de nous* » (chap. 15).

La guerre civile éclate et atteint Bujumbura en 1994. Gabriel veut rester neutre et s'évade dans la lecture, inspiré par une voisine, Mme Economopoulos (chap. 28). Il passe ses journées à lire dans son lit. Au chapitre 29, son ami Gino vient le chercher. Il le conduit au terrain vague puis rejoint, avec Armand et Francis, la bande de la milice tutsie appelée « *Sans-Défaite* », avec à sa tête Innocent. Là, on lui montre le meurtrier présumé du père d'Armand. L'homme, un Hutu, a été mis dans une voiture arrosée d'essence. Sous la pression de Clapton, un des soldats de la milice, et d'Innocent, Gabriel lance le briquet Zippo de Jacques dans le véhicule, qui s'enflamme. **Gabriel provoque donc la mort de cet homme.**

Plus tard, Gabriel quitte le pays de son enfance, le Burundi, dans un avion de rapatriement affrété par la France. Il arrive en Île-de-France avec sa sœur et est accueilli dans une famille d'accueil. Il laisse derrière lui son père Michel, resté à Bujumbura, et sa mère Yvonne, qui a disparu.

*

Au moment de l'action du livre, **Gabriel est adulte** ; il **habite et travaille en Île-de-France**, plus précisément l'une des communes de Saint-Quentin-en-Yvelines (sud-ouest de Paris). Il lui a fallu plusieurs années pour « s'intégrer » en France, et il y mène une vie « normale » (avec travail, amis, loisirs…) mais garde une tristesse tenace au fond de lui, une **blessure non cicatrisée** de son passé.

À la fin du roman, le narrateur Gabriel explique qu'il est retourné au Burundi, à l'occasion de la mort de Mme Economopoulos. Alors qu'il est au cabaret avec son ami d'enfance Armand, il découvre sa mère, qui est devenue vieille et un peu folle (lorsqu'elle voit son fils, elle pense qu'il s'agit de Christian, son cousin).

Gabriel décide alors de rester quelque temps sur place pour s'occuper d'elle.

## La famille de Gabriel

### Michel (le père) et Yvonne (la mère)

Michel est un Français du Jura. Il a la stature imposante, des yeux verts et des cheveux châtains. Aux dires de sa femme, c'est un « *ancien hippie baba-cool* » (chap. 2). Il vit confortablement à Bujumbura (Burundi), mais ce n'est pas un colon puisqu'il est arrivé en Afrique « *par hasard pour effectuer son service civil* » (chap. 1). Plus tard, il a exercé dans le bâtiment en supervisant des travaux, comme la construction d'une usine d'huile de palme (chap. 3). On comprend qu'il gagne confortablement sa vie. Il a des employés à son service, envers lesquels il n'est pas toujours tendre.

*Bujumbura (capitale économique du Burundi), vue depuis la cathédrale (2006)*

Yvonne est une belle femme à la « *peau noire ébène* » et aux grands yeux (chap. 1). On comprend qu'elle était d'une **grande beauté**, à tel point que Michel, son mari, ne lui « *arrivait pas à la cheville* ». Lors du barbecue (chap. 14), plusieurs hommes la regardent avec convoitise.

Yvonne a quitté le Rwanda en 1963, à l'âge de 4 ans. À cette époque, un premier massacre de Tutsi se produisit : elle et sa famille durent fuir au Burundi voisin. Elle reste meurtrie par cet exil et **ne se sent plus en sécurité** dans la région, d'autant qu'**elle n'a jamais été bien acceptée au Burundi** puisqu'elle est Rwandaise (chap. 2). Son souhait est de partir vivre à Paris, mais son mari refuse, car il pense qu'elle est à l'abri et qu'elle vit dans de bonnes conditions. Ceci occasionnera la dispute du chapitre 2.

Michel et Yvonne se sont mariés un peu jeunes, « *trop jeunes* » selon Gabriel. Les difficultés de la vie à deux (« *enfants, impôts, obligations, soucis* »), ainsi que leur caractère différent, ont raison de leur union : Michel et Yvonne finissent par se séparer.

Après la séparation, Michel prend l'habitude de dormir à l'extérieur, chez une femme. Il laisse parfois les enfants seuls à la maison pendant la nuit : il est absent la nuit du coup d'Etat (chap. 16), et la nuit suivant l'assassinat des présidents burundais et rwandais (chap. 22), ce que lui reprochera sa fille Ana puis Yvonne.

À partir de l'attentat contre l'avion présidentiel (6 avril 1994) et le début des hostilités, les parents de Gabriel et Ana sont très inquiets. En juillet 1994, Yvonne se rend au Rwanda pour retrouver sa tante, sa mère et sa grand-mère.

Au chapitre 24, Yvonne revient à la maison : Jacques l'a retrouvée dans un camp de réfugiés, deux mois après son départ (donc en septembre 1994). Elle est très affectée par ce qu'elle a vu et sombre dans l'apathie et l'alcool. La nuit, elle raconte à sa fille Ana les horreurs qu'elle a vécues au Rwanda (elle a dû enterrer elle-même ses quatre cousins et a vu de nombreux corps morts et mutilés). Ces récits affreux font peur à la petite ; Gabriel en parle à son père Michel, qui intervient pour sermonner son épouse Yvonne. La conversation dégénère en dispute, Yvonne jette un cendrier sur la tête de sa fille puis disparaît.

Au chapitre 27, on lit que Michel est très éprouvé. Il a « *l'air fatigué* », « *absent* », « *distant* ». On comprend qu'il est doux et a un bon fond, d'après ce qu'écrit son fils : « *Il s'est forgé une épaisse cuirasse de fer pour que la méchanceté ricoche sur lui. Alors qu'au fond, je le sais aussi tendre que la pulpe d'une goyave bien mûre.* » Quant à Yvonne, « *elle est devenue folle* » et a disparu. Au chapitre 29, Michel a préparé des provisions pour s'isoler plusieurs jours, car les gangs tutsis bloquent la ville. Au chapitre 31, Michel dit au revoir à ses enfants, qui s'en vont pour la France retrouver leur famille d'accueil.

Michel est tué quelques jours après le départ de ses enfants, « *tombé dans une embuscade, sur la route de Bugarama* » (épilogue).

À la fin de l'histoire, Yvonne est retrouvée par son fils au Burundi ; elle est devenue sénile : elle ressemble à une vieillarde et n'a plus toute sa tête. Gabriel décide de prolonger son séjour au Burundi pour s'occuper d'elle.

## Ana, la sœur cadette

Ana a trois ans de moins que son frère. Depuis l'enfance, elle est plus rigoureuse et organisée que son frère. Gabriel confesse même : « *J'ai toujours eu l'impression qu'elle était mon aînée, malgré ses trois ans de moins* » (chap. 6)

Un Noël, elle va à Kigali et passe les vacances avec ses trois cousines (chap. 19).

Plus tard, elle apprend que ses cousines ont été tuées (chap. 24). Les nuits suivantes, sa mère Yvonne la réveille pour lui raconter les horreurs qu'elle a vécues (chap. 26). Ana a peur. Lorsque Michel fait des reproches à Yvonne, cette dernière s'emporte et lance un cendrier au visage d'Ana et la blesse. Ana va à l'hôpital avec son père ; en rentrant, Yvonne a disparu.

Au chapitre 31, Ana se rend en France avec son frère Gabriel, lorsqu'un avion de rapatriement est affrété par un ministre français.

Gabriel est toujours en contact avec elle passé l'âge adulte. Ana se montre plus sombre que son frère et ne veut pas remuer le passé ; elle « *ne veut plus jamais entendre parler du Burundi.* »

# Eusébie, la tante d'Yvonne

Eusébie est une tante d'Yvonne (c'est donc la grand-tante de Gabriel). Elle est à peine plus âgée que sa nièce. Veuve, elle réside à Kigali, la capitale du Rwanda. Yvonne lui rend visite au chapitre 4, sa fille Ana reste avec elle lors des vacances de Noël 1992. Plusieurs mois plus tard, fin 1993, c'est Gabriel qui la rencontre pour la première fois, lorsqu'il vient chez elle pour le mariage de Pacifique (chap. 19).

Au chapitre 22, Yvonne parvient à joindre Eusébie par téléphone ; Eusébie est paniquée : les attaques contre les Tutsi ont commencé ; elle craint pour sa vie et celle de ses proches. Fataliste, Eusébie pense qu'elle sera exécutée par les milices anti-Tutsi.

Par la suite, Yvonne n'a plus de nouvelle d'elle et se rend alors au Rwanda pour la retrouver. En entrant dans la maison, elle ne trouve pas sa tante Eusébie mais seulement les quatre enfants de sa tante, qui ont été tués.

Eusébie a disparu et même à la fin du roman, on ne saura pas ce qu'elle est advenue.

## Les enfants d'Eusébie : Christelle, Christiane, Christiane et Christine

On apprend dans le chapitre 19 qu'Eusébie a quatre enfants âgés de 5 à 16 ans : Christelle, Christiane, Christian et Christine.[9] Gabriel s'entend bien avec Christian, qui a quasiment le même âge que lui et est fan de football.

Ce sont les enfants d'Eusébie (la jeune tante d'Yvonne), ils sont donc, par rapport à Ana et Gabriel, cousins germains éloignés au 1er degré.

Au chapitre 22, Yvonne n'a pas de nouvelles d'eux. Elle se rend à leur domicile et découvre les corps de ces quatre enfants, décomposés, gisants depuis trois mois. Traumatisée, Yvonne les enterre rapidement car elle ne veut pas que sa tante aperçoive ses enfants décédés, au cas où elle reviendrait chez elle (chap. 24).

## La grand-mère de Gabriel et Rosalie, l'arrière-grand-mère de Gabriel

La grand-mère de Gabriel (on ne connaît pas son nom) habite à Bujumbura, à l'OCAF (Office des cités africaines)[10], dans une petite maison. Elle y vit avec sa mère Rosalie (bientôt âgée de 100 ans) et son fils Pacifique et travaille comme infirmière.

C'est une réfugiée et elle souffre des « *problèmes de réfugiés* » (chap. 9) : pauvreté, exclusion, xénophobie… En 1990, lors de la guerre civile au Rwanda, elle a perdu

---

[9] Ces prénoms dénotent le fait qu'Eusébie est fervente chrétienne ; les noms commençant par « Christ » renvoient à Jésus Christ.

[10] L'OCAF était un lotissement pour les fonctionnaires burundais et rwandais dont l'administration avait besoin, construit à partir de 1952.

son fils Alphonse qui s'était engagé dans le FPR. À présent, c'est son autre fils Pacifique qui souhaite combattre au sein du FPR en vue d'une prochaine offensive contre Kigali.

Malgré le déchaînement de violence qui secoue le Rwanda et le Burundi, la grand-mère et l'arrière-grand-mère de Gabriel survivent toutes les deux (chap. 24)

## Pacifique, le jeune oncle de Gabriel

Pacifique apparaît au chapitre 9. C'est le petit frère d'Yvonne. Il est en dernière année au lycée Saint-Albert et c'est un « *sacré beau gosse* » qui aime « *les bandes dessinées, sa guitare et la chanson* ». Réfugié au Burundi avec sa mère et sa grand-mère, il adhère à l'idéologie communiste et souhaite rejoindre le FPR, comme l'avait fait 3 ans plus tôt son défunt frère Alphonse ; il ne va déjà plus au lycée. Pacifique est passionné par l'histoire du Rwanda et écoute avec attention les récits de sa grand-mère Rosalie. Il rêve d'un « *retour au pays* », comme elle.

On apprend au chapitre 11 qu'il a finalement rejoint le FPR. Après l'offensive de février 1993, il reste au Rwanda et se fiance avec Jeanne, une femme dont il est tombé « *fou amoureux* » (chap. 14).

Son mariage a lieu plus tôt que prévu ; sa future épouse est enceinte (chap. 19). Juste avant le mariage, **Pacifique fait part de ses inquiétudes** : les extrémistes hutus comptent s'attaquer aux membres du FPR et aux Tutsi. Ses craintes se vérifient : les massacres éclatent après la mort des présidents rwandais et burundais (6 avril 1994).

Il participe à l'offensive du FPR contre le Rwanda (le FPR finit par contrôler l'essentiel du pays le 17 juillet 1994). Hélas, sa femme Jeanne et sa belle-famille sont tués par un groupe de Hutu (chap. 24). Fou de rage, **il part à la recherche des coupables** à partir des informations qu'on lui donne. Il arrive en ville et trouve alors une femme portant la robe de fiançailles et un homme portant le chapeau du beau-père. Pacifique, ivre de vengeance, prend son arme et ouvre le feu : il tue l'homme, la femme ainsi que deux autres personnes avec eux.

Son geste lui vaut d'être arrêté par l'état-major du FPR : après avoir été emprisonné plusieurs jours, il est jugé en cour martiale puis **fusillé**.[11] Yvonne est consternée par la mort de son frère, exécuté par les siens. Elle cachera la vérité à la mère et à la grand-mère, en prétendant que Pacifique a été tué pendant l'offensive contre Kigali.

---

[11] Le commandement du FPR avait visiblement une attitude très sévère envers ses soldats et ne tolérait pas qu'ils se fassent vengeance eux-mêmes.

Gabriel vit dans une impasse et est entouré de quatre amis. Avec eux, il forme les « *Kinanira Boyz* » (chap. 10), des camarades inséparables. Après les massacres contre les Tutsi et le départ des jumeaux pour la France (chap. 23), et surtout les appels à la violence de Francis et Gino, Gabriel fréquente moins le groupe et s'isole.

## Gino, le meilleur ami de Gabriel

Gino est l'aîné de la bande et a presque deux ans de plus que Gabriel. Ce garçon métis vit dans une vieille maison coloniale. Son père est belge : c'est un professeur de sciences politiques souvent plongé dans son travail et passionné de photographie, qui passe peu de temps avec son fils et se montre assez maniaque de la propreté.

La mère de Gino est rwandaise, mais les enfants ne l'ont jamais vue ; chaque semaine, il lui envoie « *des enveloppes aux bordures bleu-blanc-rouge* » (chap. 15). Gino prétend à Gabriel qu'il ira vivre au Rwanda avec son père et sa mère lorsque la situation s'apaisera. On apprendra au chapitre 17 que la mère de Gino est en fait décédée, et plus tard qu'elle a été assassinée (chap. 23).

Curieux de nature, Gino comprend les grandes lignes de la politique grâce aux conseils de son père, à sa lecture de journaux et à son écoute de RFI Afrique ; il « *comprenait toujours ce que disaient les grandes personnes* ». D'après Gabriel, « *c'était son handicap* » (chap. 11). Gino insiste sur la notion d'identité et adopte le discours de certains réfugiés rwandais : « *Il avait les mêmes mots que Maman et Pacifique et répétait qu'ici nous n'étions que des réfugiés, qu'il fallait rentrer chez nous, au Rwanda.* » (chap. 11). Il rêve donc du « *grand retour au Rwanda* » (chap. 15).

Gino est le seul garçon à qui Gabriel ose se confier : c'est son **meilleur ami**. Voici comment Gabriel le décrit dans le chapitre 21 : « *Mon frère, mon ami, mon double positif. Il était celui que j'aurais voulu être. Il avait la force et le courage qui me manquaient.* »

Dans la première partie du roman, Gino est en froid avec Francis, son ennemi juré. Au début du collège, il est également amer contre Armand, car ce dernier est populaire parmi les aisés du collège et traîne moins avec la bande de l'impasse.

Au chapitre 17, il se bat avec Francis. Ce dernier prend le dessus et tente de noyer Gino dans la rivière. Quand Francis insulte alors la mère de Gino, ce dernier lui avoue que sa mère est morte. Cette révélation conduira à une réconciliation entre Francis et Gino, car Francis a lui aussi perdu sa mère (chap. 21). Gino certifie toutefois à Gabriel qu'il reste son **meilleur ami** ; il en témoigne en blessant leur doigt avec une épine et mélangeant leur sang.

Après le génocide des Tutsi aux Rwanda, Gino cherche à se venger et devient fasciné par la violence, tout comme Francis (chap. 23). Il stocke dans le congélateur de son père les deux grenades qu'il a achetées avec Francis, auprès du gang d'Innocent (chap. 25).

Au chapitre 29, Gino se rend chez Gabriel pour l'emmener au terrain vague. Arrivé au combi Volkswagen, Gino explique à son ami que le père d'Armand a été tué, puis donne des coups de barre de fer sur le pare-brise et les rétroviseurs du combi pour exprimer sa rage.

Il félicite Gabriel à la fin du chapitre : Gabriel vient en effet de lancer le briquet dans la voiture où se trouvait le meurtrier présumé du père d'Armand. Le véhicule prend feu et consume le malheureux.

**À l'issue de la guerre civile, Gino s'est endurci et paraît méconnaissable.** Au chapitre 31, il n'exprime aucune tristesse en voyant le corps de Prothé, gisant devant chez Francis : « *Gino a dit que ce n'était qu'un boy* ».

Dans l'épilogue, on lit que Gino est « *quelque part en Europe* », mais on ne sait où. Gabriel, à l'instar d'Armand, ne semble pas motivé à l'idée de le retrouver.

> Notons que Gaël Faye avait un ami d'enfance prénommé Gino : « *L'un de mes amis, un métis qui s'appelait Gino – comme le personnage du film – et qui était très au fait de la question ethnique, me conseillait, quand on allait se faire couper les cheveux à Buja, de dire que j'étais malgache. Le coiffeur était hutu, et Gino considérait que ça pouvait être dangereux pour nous.* »[12]

## Les jumeaux

Ils habitent la maison en face de celle de Gabriel, à l'entrée d'une impasse. Ce sont des métis (chap. 5) : leur père est français et leur mère burundaise (chap. 10). Leurs parents possèdent une boutique de location de cassettes vidéo (un commerce florissant à l'époque, car il n'y avait pas d'internet). Ils se font circoncire contre leur gré durant les vacances de Noël (chap. 5). Ils aiment ponctuer leurs paroles par des « *Au nom de Dieu !* ».[13] Ils participent aux 400 coups avec la bande, notamment lorsqu'il s'agit de voler des mangues (chap. 10).

Après le chaos du printemps 1994, le père des jumeaux décide de « *rentrer en France, définitivement* » (chap. 23). Leur départ précipité laisse un grand vide.

---

[12] Entretien avec le magazine *Jeune Afrique*, mars 2020.

[13] On comprend à partir de ces détails que les jumeaux sont musulmans

# Armand

Armand vit dans une grande maison en brique blanche, au fond de l'impasse. Ses parents sont burundais, et il est donc « *le seul noir de la bande* ». **Son père est diplomate** et Armand ne le voit presque jamais. Sa famille est **stricte** ; chez lui, il est très sage mais dehors, c'est un « *pitre* » qui fait rire ses amis (chap. 10).

Arrivé au collège, il est accepté par les collégiens aisés car il est drôle.

Au chapitre 29, on apprend que le père d'Armand est tombé dans une embuscade : **il a succombé à ses blessures** à l'hôpital. Armand est inconsolable. Au chapitre 31, on lui présente l'homme accusé d'avoir tué son père. Innocent lui tend un briquet pour qu'il brûle la voiture où se trouve l'homme, mais Armand est terrifié : il fait non de la tête en faisant « *une grimace affreuse* » ; c'est finalement Gabriel qui lancera le briquet contre son gré dans la voiture et provoquera la mort du présumé coupable.

À l'âge adulte, Armand vit toujours au Burundi, dans la même impasse (qui n'est plus aussi belle qu'avant). Il est devenu cadre dirigeant d'une banque.

# Francis

Evoqué au chapitre 10, Francis est le « *pire ennemi* » de Gino et de la bande. Il affirme être un « *gosse des rues* » et vit à proximité des autres garçons, dans une « *maison lugubre* ». C'est un garçon d'environ 13-14 ans, fin « *comme un fil de fer* » mais très solide. Gino veut se frotter à lui mais Gabriel n'en ressent pas l'envie et a un peu peur de Francis.

Il s'introduit à la fête d'anniversaire de Gabriel (chap. 14) et est bien accueilli, jusqu'au moment où une bagarre éclate avec Gino : il est alors expulsé de la fête par le père de Gabriel.

Dans le chapitre 17, lorsque la bande de copains tente de voler des mangues dans le jardin de Francis, ce dernier déboule et se bat contre Gino et Gabriel. Il parvient à les maîtriser et tente de les noyer, puis Gino révèle que sa mère est morte ; Francis les laisse alors partir.

On apprend avec surprise, au chapitre 21, que Francis s'est lié d'amitié avec Gino ; tous deux ont pour point commun d'être orphelins de mère. On apprend au chapitre 23 que Francis est un **Zaïrois tutsi**, plus précisément un **Banyamulenge**.[14]

---

[14] Les Banyamulenge sont un groupe rwandophone installé dans le Mulenge, à l'est de la République démocratique du Congo, proche de la frontière rwandaise et burundaise.

Au chapitre 23, on comprend qu'il cherche à venger les Tutsi ; il tient des propos durs et belliqueux. On apprend au chapitre 25 qu'il s'est rapproché du gang de Bwiza, contrôlé (comme on l'apprendra plus tard) par Innocent, et s'est procuré deux grenades à un prix intéressant.

Il rejoint le gang des « *Sans-Défaite* » lorsque le Burundi sombre dans la violence ; il connaît les prénoms de tous les membres de la milice (chap. 29).

À la fin du livre, on apprend avec étonnement que Francis est devenu pasteur dans une église évangélique (lire l'épilogue).

## Les connaissances de la famille

### Le vieux Jacques

Comme Michel, Jacques est un Européen venu vivre en Afrique. Il est Belge et vit dans l'ex-Congo belge, alors appelé Zaïre. Jacques vit dans une magnifique demeure avec jardin, au bord du lac Kivu, et a des employés à son service. Il se montre raciste (traitant son cuisiner de « *macaque* »). C'est un grand fumeur.

Jacques intervient parfois dans des opérations de chasse de crocodiles, en cas d'attaque d'habitants par ces reptiles.

Jacques est un « *second père* » pour Michel, c'est son « *modèle* » (chap. 2).

Bien plus tard, après que la région a plongé dans le chaos, Jacques aperçoit Yvonne au détour d'une route : il l'a trouvée errante dans un camp de réfugiés à 150 km de son domicile. Il la reconduit chez Michel, à Bujumbura. Buvant quelques rasades de whisky, il est consterné par la situation terrible du Rwanda et du Burundi. Il maugrée : « *L'Afrique, quel gâchis !* »

Au chapitre 14, il se fait voler son briquet Zippo par Francis ; au chapitre 29, ce même briquet est confié à Gabriel, qui le lance dans la voiture où se trouve le Hutu accusé de meurtre : la voiture s'embrase et l'homme meurt carbonisé.

### Mme Economopoulos

Comme son nom l'indique, c'est une dame d'origine grecque. Elle est assez âgée, n'a pas d'enfant et vit seule avec une dizaine de chiens teckels (chap. 10). Elle est sensible aux charmes de Jacques, comme on le lit au chapitre 14. Elle semble aussi un peu naïve (les enfants lui vendent ses propres mangues, qu'ils viennent de dérober).

On lit peu de choses sur elle jusqu'à la deuxième partie du roman : à partir du chapitre 23, elle et Gabriel sympathisent. Mme Economopoulos l'invite chez elle ; elle lui transmet son goût pour la lecture en lui prêtant des ouvrages. Ils entament de longues discussions par rapport aux livres qu'ils ont lus.

Alors que le Burundi s'embrase, Gabriel continue de rendre de courtes visites à sa voisine, afin de lui emprunter des livres ; il n'a qu'à traverser la rue pour se rendre chez elle (chap. 28).

Avant que Gabriel ne quitte la France, il rend visite une dernière fois à Mme Economopoulos, qui lui donne un poème et lui prodigue des conseils.

À la fin du roman (épilogue), on comprend qu'elle est la cause du retour de Gabriel au Burundi (il est alors adulte). En effet, Mme Economopoulos vient de mourir. Gabriel souhaite « *récupérer des malles de livres qu'elle a laissées* » pour lui.

*Une plage à Bujumbura, sur la rive nord du lac Tanganyika.*

### Prothé

C'est le cuisinier de la famille de Gabriel. Il s'occupe aussi des enfants et accomplit des tâches ménagères. On apprend dès le prologue qu'il est Hutu.

Michel, le père de famille, paraît le mépriser (« *Ce con de Prothé m'oblige à ingurgiter ses féculents d'Africain tous les midis* » - chap. 2). Au chapitre 6, on lit que Michel a payé les frais médicaux de Prothé (atteint de malaria), mais finalement, ces frais seront retenus sur le salaire du cuisinier…

Il a souvent un air « *sérieux avec sa mine de chien battu* » (chap. 12), mais pour les élections de 1993, il est plein d'enthousiasme et se rallie au FRODEBU, le parti progressiste fondé par les partisans de Melchior Ndadaye. « *Son bonheur avait été grand* » lors de la victoire de ce parti, mais il est consterné après l'assassinat du président. Accablé, il répète alors la phrase : « *ils ont tué l'espoir* » (chapitre 17).

Malgré le drame qui se déroule au Burundi, Prothé reste fidèle au poste et vient s'occuper des enfants de Michel et de leur maison.

Au chapitre 28, **Prothé est menacé par cinq miliciens Tutsi** qui s'introduisent par effraction au domicile de Michel. L'un des hommes lui enfonce le canon de son arme dans la bouche et lui somme de partir avant la fin de la semaine : « *soit tu quittes le quartier, soit on s'occupe de toi* ».

Au dernier chapitre, Michel le retrouvera mort « *criblé de cailloux* », gisant dans le caniveau devant chez Francis.

### Calixte

C'est le garde de la maison de Gabriel. Au chapitre 4, on apprend qu'il a profité de l'absence du père de Gabriel et du jour de l'an pour voler des objets et partir. Il a aussi emporté le vélo de Gabriel et l'a revendu. Au chapitre 8, Calixte est reconnu par Gabriel au centre-ville de Cibitoke. Il est molesté par la foule puis emprisonné. Après ce chapitre, on n'entend plus parler de lui.

### Donatien, l'employé fidèle et pieux

Apparaissant au chapitre 6, Donatien est le fidèle **contremaître de Michel** depuis 20 ans. Il est âgé d'à peine 40 ans et **vient du Zaïre** (ex-Congo belge) et est arrivé au Burundi après son baccalauréat pour travailler dans l'usine supervisée par Michel. C'est un chrétien pratiquant (il lit des passages de la Bible dans son temps libre) qui vit dans le nord de la ville avec sa famille. C'est une personne sensible et empathique (comme le montre l'épisode du vélo, chap. 8).

Lorsque des attaques meurtrières frappent son quartier (Kamenge, à 5 km de Bujumbura), il est fataliste et s'accroche à sa croyance en Dieu (chap. 25).

On apprend au dernier chapitre qu'on « *a perdu toute trace de Donatien* », suite à l'attaque de l'armée sur Kamenge.

## Innocent, le perfide

Innocent apparaît au chapitre 6. C'est un jeune Burundais d'à peine 20 ans, grand et mince, à l'air sévère (en raison d'une cicatrice sur le front), avec en permanence un cure-dent dans la bouche. C'est un Tutsi. Il occupe les fonctions de **chauffeur de l'entreprise**, mais pas que : c'est un « *homme à tout faire* » que Michel apprécie, car il a beaucoup de contacts et connaît parfaitement Bujumbura. Toutefois, Innocent est **désagréable et hautain** envers les autres employés de Michel. Il est assez insensible, à l'inverse de Donatien ; on observe d'ailleurs des tensions entre eux : au chapitre 8, Innocent refuse que Donatien l'appelle : « *mon ami* » (« *je ne suis pas ton ami !* »).

Au chapitre 12, juste avant les élections de juin 1993, il chante une chanson se moquant des partisans du FRODEBU (parti de Melchior Ndadaye, Hutu), et défie Prothé.

Il se montre chauvin au chapitre 14, en vantant les mérites des Burundais, lors du barbecue : « *Jamais vous ne verrez un Burundais digne de ce nom toucher aux animaux de la brousse ! Nous sommes civilisés, nous autres !* »

Au chapitre 18, après le début des troubles au Burundi, Innocent frappe Prothé ; il est immédiatement licencié par son employeur Michel.

Au chapitre 29, on apprend qu'Innocent est le chef de la milice des « *Sans-Défaite* » qui fait la loi dans le quartier Bwiza de Bujumbura Mairie (au cœur de la ville). C'est lui qui ordonne à Gabriel de jeter un briquet dans le véhicule imbibé d'essence, où se trouve le Hutu accusé d'avoir tué le père d'Armand.

## Les époux Von Gotzen

Ils sont évoqués au chapitre 10. Ce sont de vieux colons d'origine allemande, qui vivent dans la plus belle maison de l'impasse (avec piscine). Ils sont assez racistes ; Gabriel et ses amis les évitent. La femme est passionnée de golf et de chevaux. Elle passe son temps à s'occuper de son pur-sang noir, prénommé Attila.

Au chapitre 16, lors du coup d'État, son cheval s'échappe. Elle fait un scandale pour qu'on le retrouve, alors même que le pays est en crise et que le président vient d'être assassiné. Au chapitre 29, le cheval est roué de coups par des miliciens d'un gang tutsi, puis achevé par un soldat d'une rafale de Kalashnikov.

## Évariste, l'employé de Jacques

Chargé entre autres de la cuisine, il est méprisé par son maître. Il apparaît au chapitre 2.

## Laure

C'est la correspondante de Gabriel, elle a le même âge que lui. Même s'il ne l'a jamais rencontrée, Gabriel en tombe amoureux. Leur correspondance commence au chapitre 7 (sa première lettre date de décembre 1992) et se poursuit tout au long de la guerre qui ravage le Rwanda et le Burundi.

## Clapton

C'est un des chefs de la milice tutsie des « *Sans-Défaite* » qui contrôle un quartier de la ville de Bujumbura, au Burundi, lorsqu'éclatent les violences (été et automne 1994, dans le roman). Il menace Prothé au chapitre 28. Au chapitre suivant, Gabriel le reconnaît à un barrage : c'est lui qui contrôle les allées et venues. C'est un lieutenant d'Innocent, le chef de la milice.

Ce prologue est divisé en deux parties : d'abord, c'est le jeune Gabriel qui parle. Il raconte comment son père lui a parlé des Hutu et des Tutsi, et exposé leurs différences. Gabriel n'était pas convaincu par cet exposé. Il pouvait toutefois sentir, autour de lui, que la **situation devenait tendue** ; à l'école, les enfants commençaient à se traiter de Hutu ou de Tutsi. « *Le fond de l'air avait changé* ».

Dans la deuxième partie, c'est **Gabriel adulte** qui parle. Il vit en **banlieue parisienne** : il a son appartement, son travail, ses amis et ses loisirs. Son intégration n'a pourtant pas été facile. Au-delà de ses problèmes d'identité, il ressent une **profonde tristesse** en lui, alors qu'il fête tout juste ses 33 ans. Il est **mélancolique**, comme à chaque fois lors de son anniversaire, et repense à son père, sa mère, ses copains…

Pourquoi ? La lecture de l'ouvrage nous permettra de comprendre ses états d'âme.

On apprend qu'il a reçu un coup de téléphone le matin même. Cet appel serait « *un signe du destin* ». Il veut en parler à sa sœur. On comprend que Gabriel a l'intention de retourner dans le pays de son enfance : « *Je dois y retourner. Ne serait-ce que pour en avoir le cœur net. Solder une bonne fois pour toutes cette histoire qui me hante. Refermer la porte derrière moi, pour toujours.* »

## Chapitre 1

Gabriel adulte écrit. Il évoque ses parents : son père, un Français du Jura, s'était marié avec une superbe femme à la peau noire (sa future mère). Hélas, tous deux étaient assez jeunes, immatures et inconscients des difficultés liées à la vie en couple (qu'elles soient matérielles ou relationnelles). Le couple finira par se séparer.[15]

Le narrateur évoque aussi « *le temps du bonheur* », celui de l'enfance, de l'insouciance, avant que n'éclatent les troubles. À cause de la guerre, c'est le peuple tout entier qui a perdu sa joie d'antan : « *Ça va un peu* » disent-ils à présent, au lieu de l'enthousiaste « *Ça va !* » d'avant.

---

[15] Dans les chapitres suivants du roman, nous assisterons à l'éclatement du couple de Michel et Yvonne, les parents de Gabriel.

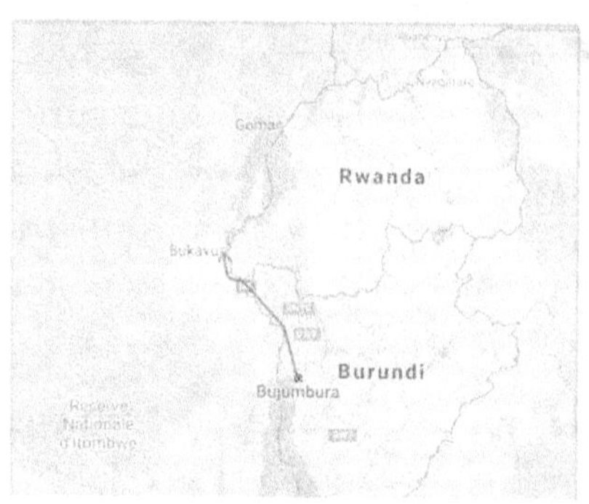

## Chapitre 2

*La famille de Gabriel part de Bujumbura (Burundi) pour se rendre à Bukavu (ex-Zaïre)*

Gabriel évoque un **souvenir d'enfance** qui incarne « *le début de la fin du bonheur* » : petit, il rend visite avec sa famille au vieux Jacques, qui habitait au Zaïre (ancien nom de la République démocratique du Congo). À cette époque, le pays est en crise et souffre d'une forte inflation (hausse des prix). Après avoir traversé la frontière, payé un pot-de-vin et traversé des rues très animées, la famille arrive enfin à Bukavu, un endroit magnifique sur les rives du lac Kivu.

La famille est attablée avec Jacques. **Yvonne regarde le Rwanda et repense avec tristesse à son exil en 1963,** alors qu'elle était encore enfant : accompagnée de sa famille, elle dut alors fuir les massacres commis contre son ethnie, les Tutsi.

Au cours du repas, Jacques propose à Michel de venir s'installer à Bujumbura, là où il habite. C'est un non catégorique pour Jacques, qui n'aime pas les Burundais. Yvonne rebondit sur ces propos : « *Moi aussi je n'en peux plus de ce pays* ». Cette remarque agace son mari : il sait qu'elle veut aller vivre à Paris. Yvonne se justifie : on l'a toujours traitée comme réfugiée au Burundi et **elle ne se sent pas en sécurité.** Michel lui demande d'arrêter avec ses « *inquiétudes* » et « *délires de persécution* ». D'après lui, **elle n'aurait rien à craindre** car elle a le passeport français et elle vit dans une villa. Yvonne balaie ces arguments. La conversation dégénère, lorsque Michel affirme à sa femme : « *Beaucoup d'Africaines rêveraient d'être à ta place* ». Elle rétorque sèchement : « *ne t'essaye pas au racisme, toi l'ancien hippie baba-cool, ça ne te va pas du tout. Laisse ça à Jacques et aux autres vrais colons* », puis jette sa serviette au visage de son mari et s'en va.

## Chapitre 3

Les jours suivants, Michel tente de se rattraper avec « *des mots doux ou des plaisanteries* » mais son épouse reste de marbre. Un dimanche, sur un coup de tête, il emmène Yvonne et leurs deux enfants (Gabriel et Ana) déjeuner à **Resha** (à 60 km du domicile). Ils vont ensuite visiter les environs : forêt de Kigwena et usine d'huile de palme de Rumonge.

**Michel tente de se réconcilier avec sa femme**, mais elle se montre froide et repousse brutalement la main de son mari lorsqu'il la pose sur son genou. **L'ambiance est lourde.** Ils s'arrêtent voir la Pierre de Livingstone et Stanley (un monument). Les enfants s'éloignent ; de loin, Gabriel voit ses parents se disputer.

La nuit venue, le couple a une **violente altercation** : insultes, vaisselle cassée, vitres brisées… Gabriel tente d'observer la scène en faisant un trou dans sa moustiquaire. Au fond de lui, il sent son bonheur qui « *s'échappe* » : « *Cette nuit-là, Maman a quitté la maison, Papa a étouffé ses sanglots* »

C'était le « *dernier dimanche tous les quatre, en famille* ».

## Chapitre 4

**Les parents se sont séparés.** Alors que les fêtes de fin d'année approchent, il a été convenu que Gabriel resterait avec son père pendant cette période, tandis que la petite sœur Ana irait avec sa mère rendre visite à Eusébie, une tante qui habite à Kigali (Rwanda).

Gabriel passe Noël avec son père : **il lui offre un magnifique vélo BMX.** Le lendemain matin, tôt, Gabriel s'empresse de montrer son cadeau à ses amis voisins, les jumeaux, qui sont impressionnés. Son père arrive alors et lui donne une gifle, car il est sorti tôt sans le prévenir.

*Femmes Batwa du Burundi*

Quelques jours plus tard, pour le jour de l'an, le père de Gabriel l'emmène dans la forêt de la Kibira. Ils passent la nuit à 2 300 km d'altitude, chez les Pygmées (sans doute des Twa), une ethnie d'hommes de petite taille qui ont gardé leur mode de vie ancestral. Le lendemain, le père et le fils continuent leur visite dans la forêt et passent du temps avec les Pygmées. Le père admire leur mode de vie.

En fin de journée, ils rentrent au domicile : **de façon inhabituelle, c'est le jardinier qui ouvre le portail**, et non Calixte (le garde de maison). Le jardinier lui révèle que Calixte a profité du jour de l'an pour voler dans le magasin du patron et partir. Il a emporté divers objets et outils, et surtout… le vélo. En entendant cela, **Gabriel éclate en sanglots** ; il n'aurait jamais pu imaginer Calixte faire une telle chose, et en voulait à présent « *à la terre entière* ». Son père le réconforte et lui assure que son vélo sera retrouvé.

## Chapitre 5

Le dimanche suivant, juste avant la rentrée des classes, la petite Ana revient à la maison. Son père se dispute avec la maman car elle lui a fait des mèches blondes. Yvonne (la mère) repart à moto, furieuse, sans même embrasser son fils.

Les jumeaux viennent à la maison raconter leurs vacances de Noël chez leur grand-mère, à la campagne. C'était difficile : ils se sont faits circoncire par leur tonton. Ils racontent avec animation cet épisode douloureux. Gabriel ne les croit pas, alors les deux jumeaux baissent leur pantalon pour lui montrer ; il ferme les yeux de dégoût. Puis ils ajoutent : « *Tu sais, dans le village de notre grand-mère, on a vu quelqu'un rouler avec ton vélo. Au nom de Dieu !* »

## Chapitre 6

Gabriel se réveille en sursaut. Il croit entendre son père l'appeler : « *Gaby, Gaby !* » En réalité, il s'agit de la voix du perroquet. Gabriel se lève et croise Prothé, le cuisinier, qui revient de maladie (il a failli mourir de la malaria ; il s'en est sorti car son employeur, Michel, a payé les soins). Prothé prépare le petit-déjeuner des enfants et croise son patron, qui lui annonce que le montant des soins payés sera retiré de ses prochains salaires.

Donatien, le plus fidèle employé de Michel, arrive alors pour prendre les instructions de la journée ainsi que l'argent pour les travailleurs. Le jeune chauffeur, prénommé Innocent, arrive alors pour récupérer les clés de la camionnette de service. Une fois que Michel a transmis tous les ordres, il monte dans la voiture avec ses enfants.

## Chapitre 7

*L'école française de Bujumbura*

Michel dépose ses enfants Gabriel et Ana à l'**école française de Bujumbura** (un établissement prestigieux pour expatriés français et enfants de la haute société burundaise).

Le père annonce à son fils que le samedi suivant, il irait avec Donatien et Innocent à Cibitoke afin d'y retrouver le vélo.

En classe, c'est « *l'effervescence* » : les enfants découvrent les lettres de leurs correspondants de France, des élèves de CM2 scolarisés à Orléans. Gabriel ouvre la sienne : datée du 11 décembre 1992, la lettre a été écrite par une certaine Laure, âgée de 10 ans. Elle se présente et lui pose des questions, et demande sa photo. Elle conclut son texte par « *Bisou* », ce qui fait rougir Gabriel ; il est également troublé par la photo de la jeune fille.

Il rédige alors une réponse touchante, typique d'un garçon de 10 ans. Il explique aussi que « *cette année, il va y avoir des élections pour élire un président de la République au Burundi* », et lui promet de lui révéler le nom du vainqueur.

Comme nous l'avons indiqué au début de l'ouvrage, ces premières élections libres et pluralistes du Burundi porteront au pouvoir le Hutu **Melchior Ndadaye** (élu le 1er juin 1993). Il sera renversé par un coup d'État en octobre 1993, après 102 jours de pouvoir, et tué avec d'autres membres de son parti.

## Chapitre 8

*Province de Cibitoke, à environ 40 km de Bujumbura*
(Crédits photo : Ubmnews, 2016)

Samedi, tôt le matin, Gabriel prend la route avec Donatien et Innocent, ce dernier conduisant la camionnette. Arrivant à Cibitoke, Donatien sort avec Gabriel (Innocent reste dans la camionnette car il ne veut pas salir ses baskets blanches). Tous deux arrivent chez la grand-mère des jumeaux, mais ne peuvent s'entretenir avec elle : ils ne comprennent pas sa langue, le kirundi. L'enfant et Donatien retournent à la voiture en compagnie de Godefroy et Balthazar (les grands cousins des jumeaux). Ils repartent dans un village voisin et apprennent que l'homme sur le vélo a revendu le vélo à quelqu'un, qui l'a revendu... Sur la piste du vélo, les hommes sont maintenant neuf dans la camionnette, et sont **arrêtés par les policiers**... La foule se masse autour du véhicule tandis que le gros bourgmestre, attablé pas loin, s'avance vers eux. C'est alors que **Gabriel reconnaît Calixte, le voleur du vélo** : les gens se mettent alors à sa poursuite et le frappent, mais la police s'interpose. Calixte est emprisonné tandis que Donatien dépose plainte.

Gabriel, Donatien et Innocent se remettent en route pour trouver le vélo : c'est un agriculteur de Gitaba qui l'aurait acheté. Ils approchent de chez lui (une hutte en haut d'une colline) et sont très bien accueillis. Soudain, Gabriel aperçoit un garçon de son âge sur son vélo : il se jette sur lui et se saisit du vélo. Le jeune garçon est surpris ; il se décompose lorsqu'Innocent explique que le vélo a été volé.

Le père du garçon conjure les hommes de leur laisser le vélo : ils l'ont payé très cher. Innocent s'en moque et charge le vélo dans la camionnette. Donatien, plein de bonté, tente de persuader Gabriel de laisser le vélo au garçon ; en emportant le vélo, risquent de briser « *le cœur d'un enfant* ». Innocent critique ces propos de Donatien et lui parle sèchement. Finalement, **Gabriel ne rend pas le vélo** et s'en va avec les employés de son père.

Plus tard, pris de remords, Gabriel déclare qu'il ne toucherait plus jamais ce vélo de sa vie. Innocent lance, méprisant : « *Enfant gâté* », et Donatien, retenant sa colère, lui lance froidement : « *Le mal est fait, gamin* ».

## Chapitre 9

*Une rue du quartier Ngagara, à Bujumbura*

Gabriel rend visite à la famille de sa mère, qui habite à Ngagara, un quartier de Bujumbura. Il y voit sa grand-mère, son arrière-grand-mère Rosalie, ainsi que son oncle Pacifique. Ce dernier souhaite s'engager dans le FPR (Front populaire rwandais) et s'entraîne pour cela. Sa mère tente de l'en dissuader ; son autre fils Alphonse a perdu la vie lors de la première offensive du FPR contre le Rwanda, le 1er octobre 1990.

Gabriel est encore rongé par le remords, à la suite de l'épisode du vélo.

Au moment de la sieste, il discute avec son oncle Pacifique qui évoque **Fred Rwigema**, chef du FPR, « *héros* » tué le lendemain de l'offensive du 1er octobre 1990.

En fin de journée, le jeune garçon observe son oncle Pacifique écouter la vieille Rosalie, qui lui conte l'histoire et les légendes du Rwanda. Très ému, Pacifique la rassure : ils ne seront pas « *réfugiés pour l'éternité* ». Plein d'espoir, il affirme que le « *retour au pays* » est pour bientôt. Gabriel n'est pas intéressé par toutes ces histoires.

## Chapitre 10

Gabriel se retrouve avec ses quatre amis. Sur une idée de Gino, ils baptisent leur groupe les *Kinanira Boyz*. On apprend quelques informations sur les jumeaux, Armand et Gino[16]. **Les cinq amis sont inséparables** ; ils passent du bon temps sur le terrain vague dans le combi Volkswagen abandonné, et se débrouillent pour cueillir des mangues qui pendent des arbres, à l'aide d'une grande perche. Ils font aussi des bêtises et s'introduisent chez les riches habitants pour voler des fruits et les vendre, et pour s'en délecter une fois à l'abri. Gabriel évoque ensuite une partie de pêche avec ses amis et parle de Francis, un garçon rude qui est l'ennemi de la bande.

Le chapitre se clôt avec les mots de Gabriel adulte, qui ressasse le passé et se demande « *quand, les copains et moi, nous avons commencé à avoir peur.* »

## Chapitre 11

Gabriel se trouve chez Gino, en sa compagnie. Ils écoutent la radio : la guerre au Rwanda a recommencé « *depuis quelques jours* ». Pacifique a rejoint le FPR ; Gino est enthousiaste et regrette de ne pas pouvoir combattre avec eux.

Gabriel sent une sorte de peur qui l'envahit, à l'idée de cette guerre et à voir la réaction de ses proches.

La nuit venue, les deux garçons sortent se balader dans l'impasse. Gabriel pose des questions à Gino concernant sa mère, mais ce dernier reste évasif. Les deux amis s'en vont ensuite au cabaret (une sorte de petit bar) et prennent une bière. L'ambiance est lourde ; les habitants présents débattent de façon inquiète et passionnée sur les événements en cours. En fin de soirée, Gabriel (un peu éméché) retourne à la maison, soucieux de ne pas inquiéter son père.

---

[16] Voir le chapitre de présentation des personnages pour plus de détails.

*Des soldats du FPR avec leur chef Paul Kagamé (qui deviendra président du Rwanda en 2000)*

## Chapitre 12

C'est l'effervescence : les élections approchent. Gabriel est agréablement surpris par cette ambiance, même si son père ne veut pas qu'il s'occupe de politique.

*Photo de Melchior Ndadaye faisant campagne (1993)*

La veille des élections, Gabriel se trouve avec Prothé, qui fait la lessive, et Donatien, qui cire ses chaussures. Innocent est à proximité. Prothé, d'habitude réservé, se montre très jovial : il est persuadé que le FRODEBU, le parti progressiste de Melchior Ndadaye, délogera enfin l'UPRONA, parti à majorité tutsi qui règne sans partage depuis 30 ans au Burundi. Innocent le nargue en chantant une chanson anti-FRODEBU. Discrètement, Prothé assure à Donatien que ce parti gagnera, mais Donatien lui demande de rester prudent. Sortant de la douche, Innocent s'arrête devant Prothé tête baissée, occupé à laver les vêtements. Il le défie en contractant ses muscles et prenant la pose. Prothé se redresse et le regarde les yeux dans les yeux. Surpris, Innocent esquisse finalement un sourire avant de s'éloigner.

## Chapitre 13

C'est le jour de l'élection, un jour « *historique* ». Le scrutin est surveillé par des observateurs internationaux. Les gens sont très enthousiastes.

L'ambiance change le lendemain : l'ambiance est pesante, dans l'attente des résultats. Gabriel a l'ordre de son père de ne pas sortir, mais il trouve le moyen d'aller rendre visite à son ami Armand, dans l'espoir d'en savoir plus sur le résultat de l'élection. Mais il n'a aucune information et lui conseille de retourner chez lui.

Le soir venu, la radio annonce la victoire du FRODEBU. Le père de Gabriel n'a pas réagi ; au téléphone, **il manifeste une certaine inquiétude** : il sait que l'armée soutient le parti adverse (l'UPRONA) et doute que la transition se passera bien. Il partage ses craintes à un ami : « *Ils paieront cet affront tôt ou tard.* »

Pourtant, à la télévision, le président sortant Pierre Buyoya semble accepter la défaite ; le nouveau président Melchior Ndadaye apparaît sur l'écran et clame : « *C'est la victoire de tous les Burundais* ». L'état-major de l'armée intervient alors et semble se soumettre à cette décision du peuple.

*Melchior Ndadaye durant son discours d'investiture, en 1993*

La nuit, Ana crie soudainement, effrayée ; Gabriel accourt. Ce n'est qu'une scolopendre (un mille-pattes) dont elle a peur. Gabriel demande à son père si « *l'arrivée de ce nouveau président était une bonne nouvelle* », ce à quoi il répond : « *On verra bien* ».

Gabriel écrit une lettre à sa correspondante Laure et lui annonce ces résultats, en partageant son point de vue (positif) envers Ndadaye, le premier président « *qui n'est pas militaire* ».

## Chapitre 14

*Premier meeting du FRODEBU au pouvoir, 11 juillet 1993*

C'est le début des grandes vacances et Gabriel vient d'avoir 11 ans ! Il part en expédition avec son père, Jacques et Prothé, pour chasser un crocodile. Arrivés au lac Tanganyika, Jacques trouve un crocodile et le tue avec son arme, puis le dépèce ; Prothé ramasse sa viande.

En rentrant, tout le monde s'active pour **préparer un barbecue**.

La nuit venue, la fête bat son plein ; des gens du quartier sont attirés par le bruit et se joignent à cette soirée agréable. Gabriel a reçu une lettre de Laure, sa correspondante française, et pense beaucoup à elle.

On apprend que la tension est retombée entre les parents de Gabriel, après des mois de mésentente ; ils félicitent à l'unisson leur fils pour son passage en 6ème. On reçoit aussi des nouvelles de Pacifique, installé au Rwanda.

Le barbecue se déroule à merveille ; les parents de Gabriel ont l'air heureux (même s'ils semblent toujours séparés). Les parents des camarades de Gabriel sont également présents et discutent (sauf la mère de Gino).

Soudain, Gabriel et ses amis aperçoivent Francis « *débarquer* » à la fête. Ils sont abasourdis ; Gino surtout est en colère et demande à Gabriel que Francis soit « *viré* ». Mais la fête est ouverte à tous ; Gabriel suggère de faire la paix mais Gino refuse en bloc. Le groupe garde donc un œil en permanence sur Francis. Ce dernier s'introduit auprès des gens présents et discute avec eux (notamment avec Yvonne et Innocent).

La soirée est déjà bien avancée et le groupe d'amis porte un dernier toast pour les 11 ans de Gabriel, quand **une silhouette s'approche : c'est Francis**. Gino lui répond violemment et lui demande de dégager.

Il refuse : Gino et Francis commencent à se battre. Michel vient séparer les deux garçons et expulse Francis, humilié. Les enfants se moquent de lui.

Quelques instants après, Jacques se rend compte que son briquet Zippo a disparu ; les garçons sont persuadés que Francis a fait le coup ; Gino crie : « *Rattrapez ce fumier !* »

Innocent part à sa recherche mais ne le trouve pas. La fête reprend mais une **coupure d'électricité** l'interrompt. La musique de la sono s'arrête, mais les convives décident de reprendre la musique par leurs propres moyens : chacun va chercher guitare, tambours, trompette… **L'ambiance est survoltée** alors que, dans le même temps, le temps se couvre ; un orage accompagné d'averses s'annonce imminent. Gabriel goûte avec une profonde joie cet instant de grâce : « *je profitais de cette minute avant la pluie, de ce moment de bonheur suspendu (…) et je savais alors au plus profond de moi que la vie finirait par s'arranger.* »

## Chapitre 15

Ce sont les grandes vacances et Gabriel s'ennuie avec ses copains.

La rentrée arrive enfin et Gabriel rejoint les « grands » du collège. Désormais, il devient plus sensible à la mode et aux vêtements, mais n'a pas l'argent pour se payer des habits de marque. **Lui et ses amis jalousent les riches** qui ont des chaussures et objets de valeur ; d'ailleurs, au collège, de nouveaux groupes se forment : « *ceux qui possédaient restaient entre eux.* » Seul Armand parvient à se fondre dans tous les groupes, ce qui énerve Gino : il considère Armand comme un traître. Gabriel est plus indulgent envers lui. Gino est vexé d'être mis de côté et voudrait être « *respecté* ».

Soudain, un « *grondement* » résonne et le père de Gino sort en courant : c'est un **tremblement de terre**. Les deux garçons ne sont pas inquiets : les séismes sont courants dans cette région.

Le narrateur dresse toutefois un parallèle inquiétant : « *Les hommes de cette région étaient pareils à cette terre. Sous le calme apparent, derrière la façade des sourires et des grands discours d'optimisme, des forces souterraines, obscures, travaillaient en continu, fomentant des projets de violences et de destruction qui revenaient par périodes successives comme des vents mauvais : 1965, 1972, 1988* ». Le chapitre se conclut par ces mots terribles : « *Nous ne le savions pas encore, mais l'heure du brasier venait de sonner, la nuit allait lâcher sa horde de hyènes et de lycaons.* »

## Chapitre 16

Une nuit, Ana réveille son frère : elle a entendu des bruits forts. Il est deux heures du matin et Gabriel est seul avec sa sœur ; son père dort ailleurs. Dehors, on entend des **coups de feu et des explosions**, au loin.

Le bruit dure jusqu'à six heures. Les enfants se lèvent et vont se préparer pour aller à l'école. **Bizarrement, il n'y a personne.** Les employés ne viennent pas, les rues sont désertes. « *Nous étions un jeudi, mais le quartier était plus calme qu'un dimanche matin.* »

Finalement, le père des enfants arrive en voiture, « *le visage grave et des cernes sous les yeux* ». En entrant, il allume la radio : c'est un air de musique classique. Le père comprend tout de suite qu'il s'agit d'un **coup d'État**. En effet, de la musique classique est traditionnellement diffusée en cette « occasion ». Le père barricade la maison avec chaîne et cadenas et demande aux enfants de s'éloigner des fenêtres.

Vers 15 heures, Gabriel entend gratter à la cuisine. Il s'approche et aperçoit son ami Gino. Ce dernier lui apprend qu'il y a eu un coup d'État (ce que Gabriel avait déjà compris) et lui annonce que **le président a été tué ainsi que d'autres personnes autour de lui** ; il tient cette information de son père, qui l'a eue d'un journaliste canadien.

Le soir, à 21 heures, la musique s'arrête et un homme parlant au nom du « *Conseil national de salut public* » annonce des **mesures strictes** : couvre-feu, fermeture des frontières, assignation à résidence…

Ce **21 octobre 1993** reste gravé dans la mémoire du jeune Gabriel ; il se rappelle des paroles prémonitoires de son père : « *Ils paieront cet affront tôt ou tard.* ».



## Chapitre 17

Quelques jours plus tard, l'école reprend. La radio annonce « *d'importants massacres* » dans le centre du pays. Gabriel et ses amis discutent des événements. Étant donné qu'ils sont des « *enfants privilégiés du centre-ville et des quartiers résidentiels* », ils ne prennent pas « *la mesure des événements* » (à l'inverse de la population locale).

En rentrant, Gabriel croise Prothé qui est inconsolable : « *Je n'ai pas la force de parler. Ils ont tué l'espoir. Ils ont tué l'espoir, c'est tout ce que je peux dire. Vraiment, ils ont tué l'espoir* ». Donatien est attristé par cette situation, Innocent ne dit rien.

Les journées « *passent vite* » à cause du couvre-feu. La guerre « *continue à faire rage dans les campagnes* » ; la nuit, Gabriel entend des coups de feu. Toutefois, l'impasse où le garçon habite reste un **ilot de sûreté**, à l'abri de la violence.

Un après-midi, les cinq amis partent à la cueillette des mangues. Ils cherchent un manguier rempli et arrivent devant la maison où Francis habite. Gabriel a un mauvais pressentiment mais **Gino insiste pour voler les mangues du jardin**. Ils entrent et commencent à cueillir les mangues.

Gabriel croit voir une ombre mais n'est pas sûr… Soudain, Armand et les jumeaux se mettent à courir, puis Gino et Gabriel. Ce dernier court et, après quelques mètres, se retourne pour voir si Francis le suit ; **il se prend alors un coup de poing et tombe par terre** ; Francis le rue de coups. Gino vient aider son ami mais n'arrive pas à défaire le solide gaillard.

Francis traîne les deux garçons à la rivière et leur plonge la tête dans l'eau Gabriel est paniqué puis résigné. Il boit la tasse et a l'impression qu'il va se noyer ; ses forces l'abandonnent. À l'inverse, Gino tente de toutes ses forces de résister à Francis ; Gino résiste de plus belle quand Francis insulte sa mère. Francis lâche Gabriel pour se concentrer sur Gino ; Gabriel peut souffler.

Francis continue d'insulter la mère de Gino et lui demande où elle est, car « *on ne l'a jamais vue* ». Gino perd ses forces, mais parvient enfin à souffler le mot : « *morte* ». Puis, il reprend, avec un sanglot dans la voix : « *ma mère est morte.* »

Francis aperçoit un vieux qui regarde la scène, le salue puis s'en va. Gabriel tente de réconforter son ami qui pleure, mais ce dernier le repousse.

Gabriel reprend ses esprits et retourne chez Francis, un peu plus tard : « *J'ai décidé d'affronter Francis.* » Il reprend les perches, fixe Francis et s'en va, avec « *cette colère qui grandissait* » en lui.

## Chapitre 18

Gabriel repense aux mots de Gino ; ce dernier le fuit. Il n'ose pas encore revenir sur le sujet de sa mère.

Pendant ce temps, la situation s'aggrave au Burundi. Lors des **journées** *« ville morte »* décrétées par le pouvoir, les gens ne doivent pas sortir et la ville est comme paralysée. Ces jours-là, des gangs de jeunes dressent des barrages dans les rues de Bujumbura et s'attaquent aux passants qui osent sortir de chez eux. Le lendemain, on trouve des morts. Le père de Gabriel, qui voulait tenir ses enfants éloignés de la politique, est très inquiet ; il doit cesser les chantiers et licencier une partie de son personnel. À la maison Prothé et Innocent ont une violente dispute : **Innocent frappe Prothé.** Innocent est immédiatement renvoyé par Michel.

La situation dégénère aussi à l'école : lors d'une dispute, les élèves se regroupent en deux camps opposés qui s'insultent : *« sales Hutu »*, *« sales Tutsi »*. Gabriel découvre enfin *« l'antagonisme hutu et tutsi, infranchissable ligne de démarcation qui obligeait chacun à être d'un camp ou d'un autre »*. Il ne peut plus rester neutre, même s'il aimerait l'être : *« Ce camp, tel un prénom qu'on attribue à un enfant, on naissait avec, et il nous poursuivait à jamais. Hutu ou tutsi. C'était soit l'un soit l'autre. »* **Gabriel est enfin lucide sur la situation** et comprend maintenant *« les gestes et les regards, les non-dits et les manières »* qui lui *« échappaient depuis toujours »*.

## Chapitre 19

*Panorama de Kigali, capitale du Rwanda*

Gabriel, Ana et leur mère se rendent au Rwanda : ils doivent représenter la famille pour le mariage de l'oncle Pacifique. À l'aéroport, **Gabriel rencontre pour la première fois Eusébie**, la tante de sa mère. C'est un instant émouvant.

On apprend qu'Eusébie a quatre enfants et vit à Kigali. L'ambiance sur place est agréable ; Ana est choyée par ses cousines et Gabriel joue avec le jeune Christian, son cousin du même âge qui est fan de foot.

La nuit venue, les enfants vont se coucher. Sur le point de s'endormir, **Gabriel entend la voix de son oncle Pacifique dans le salon et s'y précipite**. L'oncle a toujours le même visage mais « *son regard avait changé* ». Il porte affectueusement son neveu Gabriel dans les bras et lui dit : « *Regarde-toi, mon Gaby ! Tu es un homme !* »

Plus tard, Yvonne demande à son fils Gabriel d'aller se coucher. Il fait semblant d'obéir et **se cache dans le couloir pour écouter les adultes parler**.

On apprend que la future épouse de Pacifique est enceinte ; Yvonne crie de joie. Pacifique change rapidement de ton et lui annonce **quelque chose de grave** : les « *extrémistes hutus* » ne veulent pas partager le pouvoir avec le FPR ; ils prévoiraient de tuer les « *leaders de l'opposition* », modérés hutus, puis les Tutsi. Pacifique et ses compagnons craignent « *de grandes tueries partout dans le pays* » ; armes et machettes sont déjà en circulation, tandis que des milices s'entraînent. Les diverses institutions présentes dans le pays (Organisation des Nations Unies, ambassades, presse…) n'accordent aucune importance à ces signes avant-coureurs.

En raison de ce grand danger, Pacifique demande à sa grande sœur Yvonne d'abriter sa future femme et les enfants d'Eusébie au Burundi, à compter des vacances de Pâques (avril 1994). Eusébie, elle, compte rester au Rwanda ; elle a des contacts aux Nations Unies et pense être en sécurité.

Une moto s'approche de la maison. Pacifique sort pour la rejoindre et partir car il ne veut pas mettre sa famille en danger. En effet, il leur confie : « *Je suis surveillé de près par les services secrets et je ne veux pas que l'on fasse le rapprochement entre vous et moi. Les familles des soldats du FPR se trouvent en haut des listes des personnes à assassiner.* »

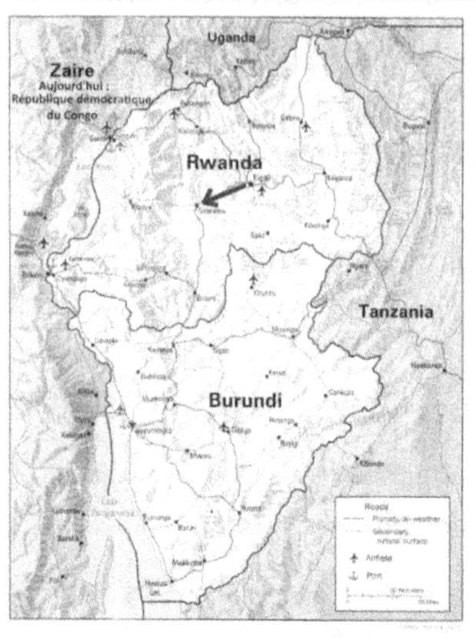


## Chapitre 20

La famille prend la route pour Gitarama[17], à 50 km de Kigali, pour le mariage. L'ambiance est festive, les enfants dansent sur la musique de la radio ; puis Gabriel s'aperçoit soudainement que plus personne ne bouge dans la voiture. C'est que l'animateur de la radio vient d'annoncer : « **Les cafards vont tous mourir** » ; tout le monde comprend que les « *cafards* » (*Inyenzy*), ce sont les Tutsi.

La voiture poursuit sa route mais doit s'arrêter : **un barrage militaire bloque la route**. Des soldats armés interrogent la tante Eusébie et Yvonne, la mère de Gabriel.

Elles sont très anxieuses mais essayent de ne rien laisser transparaître.

L'un des soldats saisit le passeport français d'Yvonne et l'examine, faisant des allusions sur ses origines tutsies. L'autre regarde le passeport d'Eusébie et lui demande où elle se rend, et elle répond : « *Nous allons à Gitarama rendre visite à un de nos proches qui est malade.* » Brusquement, il jette alors le passeport au visage d'Eusébie et dit : « *dégagez, bande de cafards !* » L'autre soldat rend le passeport à Yvonne en la traitant de « *femelle serpent* » et en lui appuyant son doigt sur le nez. Alors qu'Eusébie redémarre, l'un d'eux donne un coup de pied à la porte et l'autre casse une vitre avec la crosse de son arme.

La voiture arrive enfin à Gitarama. La petite tribu retrouve Jeanne, la future mariée, avec toute sa famille, et le futur époux Pacifique. Eusébie annonce à son frère Pacifique qu'ils rentreront dès le soir venu à Kigali : c'est plus sûr.

Le mariage entre Pacifique et Jeanne, très complices, est célébré rapidement. Sur le retour, Pacifique demande pourquoi la vitre de la voiture est brisée, ce à quoi Eusébie répond : « *Oh rien, un petit accident sans gravité* ».

---

[17] La ville de Gitarama a été renommée Muhanga en 2006.

## Chapitre 21

Chez lui, Gabriel écoute le discours du nouveau président, qui vient d'être nommé : il s'agit de **Cyprien Ntaryamira**[18]. Gabriel, qui ne voit plus ses amis de l'impasse, décide enfin de se rendre chez Gino pour « *mettre un terme* » au malaise qui existe entre eux. Il ne le trouve pas chez lui et va alors chez les jumeaux, qui regardent un film avec Armand. Plus tard, les jeunes décider d'aller sur le terrain vague et là, stupeur : **ils découvrent Gino et Francis ensemble**, comme deux amis, dans le combi Volkswagen, en train de se partager une cigarette !

Francis a rejoint la bande car Gino le lui a proposé : « *On aura besoin de lui pour protéger l'impasse* ». Gabriel est furieux et s'en va : il voit cela comme une **trahison** car Francis a tenté de les tuer tous les deux. Gino prend alors la défense de Francis ; Gino lui assure que Francis a bon fond. De plus, il a perdu sa mère lui aussi.

À l'évocation de ce sujet, Gabriel en profite pour dire qu'il est désolé, concernant sa mère. Il veut savoir pourquoi Gino ne lui avait rien dévoilé ; Gino « *ne sait pas* » pourquoi il a gardé le secret. En outre, pour lui, sa mère n'est « *pas vraiment morte* ».

*Le mausolée du prince Louis Rwagasore*

Gabriel a envie de serrer Gino dans ses bras et lui demande s'il est toujours son « *meilleur ami* ». Gino prend alors une épine et écorche son doigt et celui de Gabriel, puis mélange les deux sangs et lui confie : « *Tu es mon frère de sang, maintenant. Je t'aime plus que n'importe qui.* »

Ils retournent voir les jumeaux et Francis, en pleine discussion. Il fait chaud ; Francis appelle un taxi pour les emmener dans un **lieu mystère**. Ils montent les hauteurs de Bujumbura, passent devant le mausolée du prince et arrivent enfin au collège des Jésuites (« *collège du Saint-Esprit* »).

*Piscine du campus Kiriri*

Ils s'y engouffrent et vont se baigner dans la piscine.

---

[18] Cyprien Ntaryamira a été investi président du Burundi le 5 février 1994. Président hutu, il semblait modéré et ouvert au dialogue. Il décède 2 mois plus tard, le 6 avril 1994, après avoir embarqué avec le président rwandais Juvénal Habyarimana dans l'avion présidentiel qui sera abattu par un missile.

Les jeunes s'amusent et Francis montre ses talents physiques en faisant des saltos. Gabriel est jaloux et veut montrer ce qu'il vaut à ses amis, et surtout à son meilleur ami Gino. Il prend son courage à deux mains et monte tout en haut du grand plongeoir. Il urine sur lui mais parvient à vaincre sa peur, et plonge. À l'arrivée, ses copains le félicitent et scandent son nom : « *Gaby ! Gaby !* » Gino lui lève le bras et Francis lui embrasse le front. Pour « *la deuxième fois* » de sa vie, Gabriel a vaincu sa peur.

Le vieux gardien de la piscine vient chasser les jeunes, tout nus, qui s'enfuient en reprenant le même taxi. C'est la nuit tombée et il pleut beaucoup. Soudain, le taximan freine brusquement et s'arrête. Effrayé, il s'écrie : « *Sheitani !* » (« *diable* ») L'ombre « *d'un cheval noir* » passe devant eux.

## Chapitre 22

Le 7 avril 1994, Gabriel reçoit un appel de sa mère, qui demande à parler à son père. Mais Michel n'est pas là. La mère prend sa moto et arrive sur place. Elle a des « *gestes fébriles* ». Michel rentre enfin quand Yvonne l'interroge sur son absence. Vexé, il lui reproche le fait qu'elle ait quitté la maison.

Mais le temps n'est pas au règlement de comptes : Yvonne dit, les yeux « *rougis par les larmes* » : « **Le président du Burundi et celui du Rwanda ont été tués** *cette nuit. L'avion dans lequel ils étaient a été abattu au-dessus de Kigali* ». C'est un choc.

Yvonne essaye d'appeler sa tante à de multiples reprises, mais elle ne répond pas. En fin de journée, elle décroche enfin. **Eusébie est affligée et inquiète** : les Hutus ont été appelés à se venger, les miliciens et la garde présidentielle se sont déjà attaqués aux Tutsi. Ses voisins se sont fait tuer le matin même. Son contact aux Nations Unies ne répond pas. Elle dit adieu à Yvonne.

La mère de Gabriel est « *pétrifiée* » et tremblante. Avec Michel, elle essaye de joindre les Nations unies ainsi que les ambassades de France et de Belgique, mais sans succès.

Les jours et semaines suivantes, ils apprennent que les Tutsi sont méthodiquement massacrés, comme l'avait prédit Pacifique. La radio parle des drames en cours. Yvonne tente jour et nuit de contacter Eusébie et Jeanne mais elles ne répondent pas. Elle est très marquée physiquement ; ces événements la rongent de l'intérieur.

Gabriel ne se souvient pas en détail de cette période, qui est comme un « *immense trou noir* ». Au bout de trois mois, Pacifique appelle sa mère pour dire qu'il est vivant et que le FPR avance ; il prévoit de retrouver sa femme Jeanne dans la semaine. Yvonne a enfin pu « *retrouver quelques parents éloignés et de rares amis* », dont la survie tient du miracle.

En juillet 1994, le FPR arrive à Kigali[19]. Yvonne, sa mère et sa grand-mère partent immédiatement au Rwanda, après 30 ans d'exil. Ils vont à la recherche de « *tante Eusébie, ses enfants, Jeanne, Pacifique, la famille, les amis* ». Mais le pays est « *désormais un charnier à ciel ouvert* »

*Réfugiés retournant au Rwanda, août 1994*

## Chapitre 23

Le père des jumeaux décide de rentrer définitivement en France. C'est un coup dur pour la bande ; les jumeaux s'en vont et laissent un grand vide.

La bande de copains continue de se retrouver au combi Volkswagen du terrain vague. Ils discutent, écoutent de la musique, fument des cigarettes… Ils ne pratiquent plus les activités d'avant, devenus des « *jeux d'enfant* » (pêche, cueillette, promenade). Francis se comporte comme le chef de bande ; il rebaptise le groupe d'amis en le nommant « *gang de Kinanira* », et les pousse à se joindre aux représailles contre les Hutu en prêtant main forte à un « *gang* » du centre-ville. Armand est sceptique tandis que Gabriel refuse de se joindre à cette action. Il s'isole de plus en plus.

---

[19] À la mi-juillet 1994, le FPR contrôle l'essentiel du Rwanda ; les massacres contre les Tutsi cessent.

Un après-midi, Gabriel croise par hasard Mme Economopoulos. Les deux voisins se mettent à discuter, puis la dame l'invite chez elle. En entrant dans le salon, **Gabriel est immédiatement attiré par l'immense bibliothèque** couvrant l'un des murs. Mme Economopoulos lui prête un des livres, que Gabriel va dévorer en une nuit. Les jours et semaines qui suivent, Gabriel devient un lecteur avide et est transporté par sa nouvelle passion. Il partage ses ressentis et ses émotions avec sa voisine, dans une ambiance sereine et bienveillante. Les romans lui permettent de s'évader loin de l'atmosphère sombre et guerrière qui l'entoure.

## Chapitre 24

Bujumbura sombre dans la violence, avec le Burundi tout entier ; des voitures brûlées, des pierres, des pneus, et même des corps parsèment la chaussée.

Au collège, c'est la rentrée des classes (septembre 1994). Gabriel et les autres élèves reçoivent des consignes de sécurité ; leur établissement est protégé par de hauts murs et des vigiles. **L'insécurité fait partie du quotidien.**

Un jour, alors qu'il va chercher le courrier à la gare centrale, **Gabriel assiste au meurtre d'un homme** : l'individu marchait quand il s'est fait attaquer par trois autres hommes, sans motif apparent. Ils lui ont jeté des cailloux, l'ont mis à terre puis l'ont achevé en lui fracassant la tête avec une grosse pierre, le tout sous le regard des passants et des policiers impassibles.

Gabriel et sa famille n'ont plus de nouvelles d'Yvonne depuis son départ au Rwanda, soit deux mois plus tôt. Tout le monde est à table lorsqu'une voiture s'approche : c'est Jacques le Belge, à bord de sa Range Rover. **Yvonne est là** : elle descend la voiture. La mère de Gabriel et d'Ana est méconnaissable : maigre, sale, pieds nus, la peau flétrie, les yeux jaunis et cernés, les traits tirés ; elle était *"devenue vieille"*, d'après les mots de Gabriel.

Jacques explique qu'il l'a trouvée par hasard à Bukavu (ville frontalière située au Congo, à environ 150 km de Bujumbura), alors qu'il se rendait au Burundi. Il est gêné et cache son malaise en buvant du Whisky. Il raconte que des centaines de milliers de réfugiés campent un peu partout, dans une pauvreté extrême : « *Un dépotoir d'humains. Des étals de misère.* »

Ana demande à sa mère si elle a retrouvé Eusébie et les cousins ; la mère fait "non" de la tête. On lui sert à manger et elle mange lentement, « *comme un vieillard malade* », puis rote (ce n'est pas dans ses habitudes).

Ensuite, elle commence à parler et explique ce qui s'est passé : en se rendant chez sa tante, elle vit le long des routes jonché de cadavres. Puis, en arrivant à la maison, elle découvrit **les corps des quatre enfants de sa tante**, en état de décomposition. Elle enterra leurs cadavres et resta sur place une semaine. Ne voyant pas Eusébie revenir, elle se mit à chercher Pacifique et se rendit chez Jeanne, à Gitarama. Là, elle vit que la maison avait été pillée… mais nulle trace de Jeanne et de sa famille. Un soldat du FPR lui apprit alors que **Pacifique avait été emprisonné**. Yvonne essaya de voir son frère pendant 3 jours mais les gardes de prison refusèrent. Le quatrième jour, on lui permit de le voir : **elle trouva alors son frère mort**, derrière la prison, fusillé. Pourquoi ? Pacifique avait découvert sa femme Jeanne morte et toute sa belle-famille assassinée. Des voisins Tutsi ayant échappé au crime accusèrent un groupe de Hutu, toujours en ville. Pacifique les retrouva alors, et vit le chapeau du père de Jeanne sur la tête d'un des hommes, tandis qu'une des femmes portait la robe de fiançailles de Jeanne. **Pacifique devint fou de colère et se vengea en tuant les quatre personnes avec son arme**. Alors, il passa aussitôt « *en cour martiale* » puis fut « *condamné à mort* »[20].

Après ce triste épisode, Yvonne revint auprès de sa mère et sa grand-mère à Butare, en ne leur racontant pas la cause de la mort de Pacifique, puis **repartit à la recherche de sa tante Eusébie**, que quelqu'un aurait reconnue dans un camp au Zaïre. C'est au bout d'**un mois de recherches infructueuses**, après maints dangers évités, qu'elle fut retrouvée par Jacques.

Ce dernier conclut : « *L'Afrique, quel gâchis !* », tandis qu'Ana sanglote dans les bras de son père. Dépassé, Gabriel s'enferme dans sa chambre.

---

[20] Visiblement, l'état-major du FPR fut intraitable quant aux massacres commis par ses forces armées ; le groupe armé était dirigé d'une main de fer par Paul Kagamé, qui souhaitait prévenir les exactions de ses troupes.

*Camp de réfugiés au Zaïre, août 1994*

## Chapitre 25

Malgré le risque, Donatien et Prothé se rendent presque chaque jour chez Michel, pour s'occuper de la maison et des enfants ; Gabriel relate l'anecdote des deux hommes lui retirant une puce chique (un parasite) au pied.

Gabriel demande aux deux hommes : "*C'est vrai que l'armée a tué des gens chez vous, à Kamenge ?*" Donatien confirme, la voix teintée de tristesse mais aussi d'espoir, car il est très croyant : "*Dieu nous fait traverser les épreuves pour qu'on lui prouve qu'on ne doute pas de lui*". Prothé se montre également fataliste.

Gino apparaît brusquement et demande à Gabriel de le suivre. Après avoir couru, ils retrouvent Francis et Armand dans la cuisine, chez Gino. Ce dernier demande à Armand d'ouvrir la poignée du congélateur, ce qu'il fait. Gabriel prend un des deux objets qui se trouvent dedans, et découvre avec stupeur qu'il s'agit d'une **grenade** ! Gino raconte fièrement avoir acheté les deux grenades à bas prix. Armand est indigné et dit à Gino : « *T'es devenu complètement dingue ma parole.* » Gino lui demande de se taire : il a peur que son père découvre ces armes.

Les garçons vont se cacher dans le combi Volkswagen du terrain vague. Là, Gabriel découvre un télescope, que Francis a l'intention de vendre pour acheter une Kalashnikov. Il s'insurge contre Francis : le télescope appartient à Mme Economopoulos et il faut lui rendre. Francis s'y oppose, alors Gabriel veut s'en emparer mais Gino le pousse et Francis le maîtrise. Gabriel s'adresse alors à Gino, tremblant et pleurant de rage : « *Qu'est-ce qui te prend Gino ? Je ne te reconnais plus.* » Gino lui dit qu'ils n'ont pas le choix, qu'ils doivent se défendre contre les Hutu, sinon il leur arrivera le même sort que les cousins du Rwanda. Gabriel rejette cette idée : « *Je ne suis ni hutu ni tutsi, ai-je répondu. Ce ne sont pas mes histoires. Vous êtes mes amis parce que je vous aime et pas parce que vous êtes de telle ou telle ethnie. Ça, je n'en ai rien à faire !* » Il ne veut pas rentrer dans l'engrenage de violence, même si son identité peut l'exposer au danger, ce dont il ne semble pas avoir bien conscience à ce moment donné : « *(...) oubliant complètement qui j'étais.* »

## Chapitre 26

La mère de Gabriel ne va pas bien : elle n'est plus que l'ombre d'elle-même et passe des heures sur la terrasse, le regard dans le vide. Elle se lève tard, passe de longues heures dans le bain et boit de l'alcool. Parfois, Gabriel vient la voir pour lui conter des histoires, tirés des livres de Mme Economopoulos, mais Yvonne le regarde bizarrement, *"comme un étranger"*. Le jeune homme est *"terrifié par ce vide au fond de ses yeux."*

Une nuit, Yvonne réveille sa fille Ana pour lui raconter ce qu'elle a vécu : en arrivant à la maison de sa tante, elle a découvert le corps des cousines d'Ana. Elles étaient mortes depuis 3 mois. Puis elle a découvert Christian, le cousin, mort lui aussi et décomposé. Elle a alors enterré ce qu'il restait des corps et tenté de nettoyer les quatre grandes tâches laissées par les corps, en vain. Chaque fois qu'elle allait chercher de l'eau dans les maisons environnantes, elle découvrait de nouvelles horreurs. **Yvonne est traumatisée.** Elle sent l'odeur du sang en permanence et n'est jamais sereine : *"J'ai beau me laver, je suis sale, je sens leur mort, toujours."*

Elle manifeste son amour à sa fille en lui répétant qu'elle l'aime. Mais elle ne parvient pas à supporter l'idée qu'elle et sa famille soient vivantes, alors que tant d'autres sont morts.

Les nuits suivantes, Yvonne réveille de nouveau sa fille pour lui raconter encore les mêmes monstruosités. Ana a peur. Gabriel pense que sa sœur et lui-même n'ont pas à subir ces récits affreux. Il demande à son père d'intervenir en exagérant un peu la « *brutalité* » de sa mère « *pour le faire réagir* ». Michel en discute avec Yvonne et la conversation dégénère. Yvonne accuse les Français, elle devient violente et se saisit violemment de sa fille Ana, en lui disant : « *Tu n'aimes pas ta mère ! Tu préfères ces deux Français, les assassins de ta famille !* » Michel desserre la main d'Yvonne, qui se saisit alors d'un cendrier et le jette sur la tête de sa fille : le sang jaillit ; Ana et son père vont aux urgences, Gabriel s'échappe pour aller au terrain vague. Quand le père et ses enfants reviennent à la maison, Yvonne a disparu. Gabriel se sent mal : « *Je me sentais coupable d'avoir voulu qu'elle s'en aille. J'étais un lâche, doublé d'un égoïste.* »

## Chapitre 27

Gabriel écrit une courte lettre à son cousin décédé, Christian, en faisant comme s'il était encore vivant. Il raconte avoir tout préparé pour son arrivée, alors prévue aux vacances de Pâques…

Il lui parle de Laure, sa correspondante française dont il est amoureux, puis de ses amis qui « *se chamaillent pour des histoires d'adultes* » et s'éloignent de lui. Il évoque son père, qui a « *l'air fatigué* », « *distant* » et « *absent* », et sa mère qui « *est devenue folle* ». Le jeune homme exprime sa tristesse d'avoir perdu son cousin, et tente de comprendre un monde qui ne tourne pas rond.

## Chapitre 28

Michel est absent ; Ana dessine des scènes de violence, Gabriel lit, Prothé écoute la radio. Soudain, des hommes armés (appartenant à une milice tutsie) s'introduisent sur la parcelle. Ils interpellent froidement Prothé parce que c'est un Hutu. Ils s'en prennent à Gabriel et Ana et menacent leur père Michel, parce qu'ils sont Français : « *Dites bien à votre père qu'on ne veut pas de vous, les Français, au Burundi. Vous nous avez tués au Rwanda.*[21] » L'un des hommes exige de Prothé qu'il quitte le quartier avant la fin de la semaine. Le milicien enfonce le canon de son arme dans la bouche de l'homme. Avant de retirer son arme, il crache sur Prothé et sur les enfants. Après leur départ, le bruit des combats continue : explosions, crépitements…

Gabriel tente de s'abriter de la violence en s'isolant dans sa chambre. L'angoisse l'habite, la mort n'est « *plus une chose lointaine et abstraite* ». Il craint le silence plus encore que les coups de feu : « *Le silence fomente des violences à l'arme blanche et des intrusions nocturnes qu'on ne sent pas venir à soi* ». Gabriel se réfugie dans les livres que Mme Economopoulos lui prête et imagine des lendemains heureux.

---

[21] À ce stade, les miliciens ne savent pas que la mère d'Ana et Gabriel est tutsie. Ils l'apprendront au chapitre suivant.

## Chapitre 29

Les gangs paralysent la ville ; ils cherchent à se venger contre des Hutu qui auraient brûlé vif des étudiants tutsis.

Le père de Gabriel a fait des provisions et se confine avec sa famille. En attendant, il regarde un dessin animé avec sa fille en riant.

Gabriel s'isole dans sa chambre pour lire et entend soudain Gino, qui gratte à la porte de la cuisine. **Gino lui demande de venir** : « *Ramène-toi, il s'est passé quelque chose de grave* ». Gabriel suit Gino ; traversant une ville qui paraît morte, tous deux se rendent au combi Volkswagen. Là, **Gabriel découvre Armand en train de pleurer**. Il est **couvert de sang**. C'est le sang de son père : Gino lui apprend que le père d'Armand a été poignardé devant chez lui par des hommes déguisés en maraîchers, et qu'il a « *succombé à ses blessures* ». Armand accuse les Hutu.

Francis arrive alors. Il demande aux jeunes de le suivre. Gabriel obéit, résigné : « *je ne pouvais faire autrement* » ; la guerre l'a rattrapé dans son havre de paix et il ne peut plus rester neutre. Les adolescents prennent un taxi et rejoignent un barrage sur un pont.

Un milicien refuse de les laisser passer : « *Qu'est-ce qu'ils foutent là, ces deux blancs ?* ». Mais Francis les défend : « *Ils sont avec nous, leurs mères sont tutsies* ». Alors il les autorise à rentrer. Gabriel reconnaît ce soldat : c'est celui qui avait menacé Prothé. On apprend que l'homme est surnommé Clapton.

En passant le barrage, Gabriel découvre que des miliciens s'amusent à frapper Attila, le cheval noir des Von Gotzen. Clapton abrège la vie de l'animal en tirant sur lui une rafale de Kalashnikov.

Les jeunes sont amenés à un promontoire en haut d'une rivière, où on leur montre l'homme accusé d'avoir tué le père d'Armand. Le **chef de la milice** des « *Sans-Défaite* » est présent. On découvre qu'il s'agit d'**Innocent**, l'ancien employé de Michel.

Le présumé meurtrier, un Hutu, est placé dans une voiture qu'un soldat arrose d'essence. Innocent sort un briquet (le Zippo de Jacques, que Francis lui a sans doute donné) et le tend à Armand : « *Si tu veux venger ton père…* ». Armand, effaré, ne veut pas saisir le briquet. Clapton intervient et suggère à Innocent de confier le Zippo au « *petit Français* » pour « *prouver qu'il est bien avec nous* ». Innocent sourit alors, « *étonné de ne pas avoir eu l'idée lui-même* ». Le chef donne le briquet à Gabriel et lui ordonne de le jeter dans le véhicule.

Gabriel est confus : « *Tout était flou autour de moi, les vociférations s'amplifiaient* ». Il lance finalement le briquet : la voiture s'embrase. « *Les cris de l'homme déchiraient l'air* ». Gabriel vomit sur ses chaussures, en état de choc. Il est félicité par Gino et Francis.

Gabriel reste sur place plusieurs heures. Il retrouve Armand, lui aussi resté au même endroit, en pleurs et recroquevillé. La voiture est en cendres, la nuit est tombée. Gabriel aide Armand à se relever et tous deux rentrent à l'impasse.

## Chapitre 30

Gabriel écrit une lettre à sa correspondante Laure. Il est désemparé : « *Il n'y a plus rien à réparer, plus rien à sauver, plus rien à comprendre* ». Il imagine Bujumbura sous la neige, jour et nuit. La vie serait devenue normale à nouveau, les gens seraient heureux et s'amuseraient ensemble. Le blanc, couleur de la paix, régnerait partout dans la ville.

## Chapitre 31

La guerre à Bujumbura s'est intensifiée. Un matin, Michel retrouve le corps de son employé Prothé gisant dans le caniveau ; Gabriel pleure à sa vue mais Gino reste indifférent.

On n'a plus de nouvelles de Donatien. L'école des enfants a fermé. **Gabriel et Ana vont embarquer dans un avion de rapatriement** affrété par la France : une famille d'accueil les attend en France ; leur père les a « *inscrits pour le départ* ».

Avant de partir, Gabriel rend visite à Mme Economopoulos, qui arrache une page d'un livre et la lui donne (c'est un poème), puis lui prodigue quelques derniers conseils. Gabriel embarque avec sa sœur, et se souvient « *simplement de la petite main de Papa qui s'agitait au balcon de l'aéroport de Bujumbura* ». Ce départ est une fuite précipitée : Gabriel n'a pas eu le temps de « *dire au revoir aux gens, aux choses, aux lieux (…) aimés* ».

*Aéroport international de Bujumbura - Melchior Ndadaye (crédits photo : Dave Proffer)*

## Épilogue

Gabriel adulte reprend la parole, comme dans le prologue. La nuit, il rêve parfois de son « petit pays » : il voit les lieux qu'il connaît et entend les sons familiers (chant des paons, appel du muezzin…).

*Bujumbura, avec sa mosquée (à gauche) dont Gabriel entend l'appel à la prière*

Parfois, il lui arrive d'ouvrir un petit coffre en bois caché son le lit, où il a enfermé quelques souvenirs : une photo de ses oncles défunts Alphonse et Pacifique, un cliché avec son père, un scarabée de la forêt, les lettres de Laure, des bulletins de l'élection de 1993, la carte d'identité de l'homme tué, une tresse d'Yvonne.

On y trouve enfin le poème de Jacques Roumain offert par Mme Economopoulos :

*« Si l'on est d'un pays, si l'on y est né, comme qui dirait : natif-natal, eh bien, on l'a dans les yeux, la peau, les mains, avec la chevelure de ses arbres, la chair de sa terre, les os de ses pierres, le sang de ses rivières, son ciel, sa saveur, ses hommes et ses femmes... »*

Gabriel retourne au Burundi et se rend dans l'impasse où il a grandi. 20 ans ont passé. Les grands arbres ont été rasés, les haies de bougainvilliers ont disparu au profit de murs surmontés de tessons de bouteille et de barbelés.

Son ami Armand vit encore dans l'impasse. Il est devenu cadre dirigeant d'une banque. Les deux amis vont boire au cabaret du coin, toujours le même. Gabriel a l'impression de revenir dans le passé ; le bruit des téléphones le ramène au présent. Armand explique à son ami que Francis est devenu pasteur d'une église évangélique ; les jumeaux et Gino sont *« quelque part en Europe »*.

Gabriel entend une voix étrange, une *« réminiscence sonore »*. Il explique ensuite à Armand qu'il est venu récupérer des *« malles de livres »* que Mme Economopoulos lui a laissées ; cela fait rire le vieil ami. Gabriel rit aussi : *« l'absurdité de mon projet m'apparaît pour la première fois »*.

Il entend de nouveau l'étrange voix et frémit. Armand lui dit : *« Gaby, je ne savais pas comment te le dire. Je préférais que tu le découvres par toi-même. Elle vient ici tous les soirs depuis des années... »* Il s'agit d'Yvonne, la mère de Gabriel. Gabriel se précipite vers elle : *« Je me penche vers la vieille dame. J'ai l'impression qu'elle me reconnaît, à la façon dont elle me fixe à la lueur du briquet que j'approche de son visage. Avec une tendresse infinie, Maman pose délicatement sa main sur ma joue : "C'est toi, Christian ?" »*

Le roman se termine par ces mots : *« J'ignore encore ce que je vais faire de ma vie. Pour l'instant, je compte rester ici, m'occuper de Maman, attendre qu'elle aille mieux.*

*Le jour se lève et j'ai envie de l'écrire. Je ne sais pas comment cette histoire finira. Mais je me souviens comment tout a commencé. »*

### Explication du titre

Voici comment Gaël Faye explique l'origine du titre de son premier roman :

*« "Petit pays", dans un premier temps, c'était un **terme affectif**, et puis il y a également une histoire à hauteur d'enfant. C'est un regard d'enfant, donc le « petit », c'était aussi pour évoquer ce regard d'enfance. »* [22]

### Un roman réaliste mais pas autobiographique

Le récit est écrit à la première personne du singulier : on pourrait naturellement penser que Gabriel est l'incarnation de Gaël Faye, l'auteur du roman. Pourtant, l'auteur du livre est clair : « ***Petit Pays n'est absolument pas mon histoire*** » [23]

Ainsi, il ne s'agit pas d'une autobiographie ni d'un témoignage, mais d'une fiction. Ce choix a été fait par l'écrivain car la fiction offre davantage de liberté.

Toutefois, le roman a un **ton de vraisemblance** grâce aux divers éléments autobiographiques qu'il contient, notamment :

- Les paysages visités, les lieux fréquentés, les sensations ressenties : tout cela émane des souvenirs de Gaël Faye.
- Le prénom : « Gabriel » est très proche du prénom « Gaël » (une syllabe en plus)
- Les événements : Gabriel fête son anniversaire au début des grandes vacances scolaires (chap. 14), Gaël Faye est quant à lui né un 6 août. On imagine aussi qu'il est allé à l'école française de Bujumbura, tout comme le héros du roman.

---

[22] Entretien avec RFI, septembre 2016.

[23] *Ibid.*

### Le « paradis perdu » et la nostalgie de l'enfance

Comme l'indique Gaël Faye, *Petit Pays*, « *c'est surtout un roman qui aborde la question du paradis perdu.* » [24] **L'auteur partage sa nostalgie et ses souvenirs d'enfance** : relations parents-enfants, les activités, conversations et bêtises entre amis, l'ennui de certains après-midis et certains événements marquants.

Chacun peut s'identifier, à sa manière, aux personnages du roman. De plus, le point de vue du jeune Gabriel évoquera certains de nos souvenirs d'enfance (comme les premiers sentiments amoureux).

La chute de ce paradis est brutale. Les premières douleurs commencent avec le divorce des parents, puis le vol du vélo. Toutefois, on est marqué par le **contraste** entre ces premières péripéties du roman et la suite du livre. En effet, les difficultés subies par Gabriel au début du roman paraissent légères au regard de ce qu'il s'apprête à vivre.

*

Même si le livre évoque la douleur liée à la perte du « paradis » de l'enfance, il reste un ouvrage chargé d'émotions positives. L'auteur a ainsi dit : « *Je n'ai pas eu besoin de ce livre pour déposer un fardeau ou pour être dans une forme de thérapie par l'écriture. La musique m'avait permis déjà de franchir ce pas. Ce roman, je l'ai écrit beaucoup plus en souriant qu'en pleurant.* »

### Un roman d'apprentissage

Ce roman ne manque pas de rappeler un genre populaire dans le passé, celui du roman d'apprentissage (aussi connu sous le nom de roman de formation, ou roman initiatique). Il y est question d'un **héros qui se forge** au travers d'épreuves, lesquelles vont le faire mûrir. Dans *Petit Pays*, Gabriel traverse des **difficultés croissantes** : certaines expériences malheureuses sont assez triviales, à commencer par la perte du vélo. La séparation des parents est plus douloureuse. Puis la situation devient insoutenable lorsque le pays sombre dans le chaos et qu'il doit fuir de son pays natal. Ces épisodes douloureux ont fait brutalement passer Gabriel de l'enfance à l'âge adulte. Gabriel, comme Gaël Faye (son alter ego), est nécessairement marqué par les cicatrices indélébiles du passé.

---

[24] *Ibid.*

On pourrait dresser un parallèle entre Gabriel et le **Candide** de Voltaire (1759). Candide, qui vivait confortablement dans sa belle demeure, fut témoin de nombreuses atrocités : cela contribua à son édification. Il en perdit sa naïveté, tout comme le héros de *Petit Pays*. Toutefois, à la fin du conte philosophique, Candide est résolument pragmatique et ne revient pas sur le passé, à l'inverse de Gabriel, encore tourmenté par ce qu'il a vécu et voulant exorciser ses vieux démons.

## Les plaisirs de la lecture

Ce roman est une **ode à la lecture** : le jeune Gabriel parvient à s'évader du chaos ambiant grâce aux livres, sous la bienveillance de Mme Economopoulos. Il revient aussi au Burundi pour aller récupérer les malles de livres laissées par son ancienne amie.

L'un des messages du livre est donc que la lecture permet de s'évader de son quotidien, en particulier lorsque nous vivons des moments difficiles.

## Le racisme et l'insouciance des colons

Dès le chapitre 2, on observe **l'attitude méprisante et condescendante des colons européens envers les Africains**. Ainsi, le Français Michel traite son cuisinier africain de « *con* », tandis que son ami Jacques insulte son propre cuisinier en l'appelant « *macaque* ». Cela n'empêche pas une certaine proximité avec les domestiques ; ces derniers sont pris dans une relation maître-esclave, et se soumettent bon gré mal gré aux humeurs de leurs patrons, se forçant à plaisanter avec eux (lire les échanges entre le colon Jacques et son cuisinier Évariste, au chapitre 2).

L'attitude des époux Von Gotzen, et en particulier de la femme, est éloquente : on voit qu'elle s'inquiète davantage pour son cheval Attila que pour les habitants du pays. Cette attitude très égoïste est propre à certains colons, qui pensent que tout leur est dû, et qui ne montrent aucune empathie envers les indigènes (c'est-à-dire ceux qui sont nés dans le pays en question).

## Les préjugés envers les pays africains

Certains passages illustrent la pitié (parfois mal placée) ressentie par beaucoup d'Occidentaux envers les Africains, de façon générale. Ainsi, dans la lettre du chapitre 7, le *post scriptum* de la petite témoigne d'un sentiment inconscient de supériorité : « *PS : As-tu reçu le riz qu'on vous a envoyé ?* » ; la jeune fille pense sans doute que la majorité des Africains souffrent de malnutrition. On peut imaginer que, tout naturellement, son école aura organisé une collecte de riz pour le Burundi. Se donnant bonne conscience, les adultes auront sensibilisé les enfants sur la pauvreté extrême de ces pays africains, sans apporter beaucoup de nuances.

Cet envoi de riz reflète un certain manque de discernement de la part des adultes ; l'école française du Burundi regroupe des enfants d'une catégorie socio-professionnelle élevée, à l'abri du besoin.

Aujourd'hui encore, beaucoup d'Occidentaux voient l'Afrique comme un continent homogène, très en retard, sans infrastructures décentes, frappé par la malnutrition et la famine. Or, **l'Afrique regroupe un ensemble de pays très différents**, avec de fortes inégalités, comptant des régions parfois très modernes et bien équipées, tandis que d'autres restent engluées dans la pauvreté. Certains pays africains sont très dynamiques et connaissent une croissance impressionnante, surtout comparée à celle des pays d'Europe. Ils attirent aussi beaucoup de capitaux étrangers, notamment ceux de la Chine depuis quelques années.

Ainsi, le roman *Petit Pays* est l'occasion de remettre en question le point de vue de l'Occidental par rapport aux habitants de l'Afrique.

## Les cicatrices profondes de la guerre

L'œuvre nous enseigne que **les conséquences de la guerre sont très douloureuses, et s'ancrent profondément en nous**.

L'exemple d'Yvonne, la mère de Gabriel, est frappant : elle n'a pas été une victime physique des combats, mais est meurtrie au plus profond de son être. En effet, elle a vu plusieurs membres de sa famille tués en l'espace de quelques jours, et a été témoin des violences perpétrées sur les civils. De fait, elle s'isole et se coupe des autres, incapable de mener une vie sociale normale ; on observe une fracture entre la personne d'avant, et celle d'après. Elle développera alors une forme de folie. Yvonne ne supporte plus qu'elle soit parmi les survivants alors que tant d'autres sont morts : c'est ce qu'on appelle, en psychologie, la **culpabilité du survivant**. Il est en effet fréquent que des rescapés de massacres ou d'accidents soient rongés par la culpabilité, et aient le sentiment d'avoir « trahi ». Ce syndrome a été très étudié après la Seconde guerre mondiale, car de nombreux rescapés des camps de concentration ressentaient les mêmes émotions négatives (ainsi que les symptômes attachés : fatigue, anxiété, dépression, retrait social…)[25]

Cet état se manifeste logiquement chez les rescapés du génocides rwandais de 1994. Comme le relate l'Agence France Presse : « *De nombreux rescapés ont expliqué (…) qu'ils auraient préféré mourir pendant le génocide, portant en eux le fardeau de celui qui est resté alors que les parents, frères, sœurs ont été massacrés.*

---

[25] À tel point qu'on appelle aussi cette pathologie le "*Konzentrationlager-Syndrom*", c'est-à-dire le « *Syndrome du camp de concentration* ».

*"Pourquoi moi ?" se torturent-ils. Mais aussi parce que ces survivants (…) ont traversé les ténèbres du génocide, subi d'atroces souffrances, vu des violences inouïes. »* Albertine, rescapée de justesse, précise : « *En vérité, aucun rescapé ne peut passer une journée sans y penser ; chaque geste te rappelle un membre de ta famille, une amie… mais il ne faut pas y penser tout le temps, car il faut bien vivre.* »[26]

Aujourd'hui, les psychologues relient ces affections au « *choc post-traumatique* » : il s'agit de troubles psychiatriques qui surviennent après un événement traumatisant. Cela se traduit par une souffrance morale et des complications physiques, qui altèrent profondément la vie personnelle, sociale et professionnelle.

Tout ceci nous montre que les conflits armés ont des conséquences très néfastes, sur les civils comme sur les militaires (on observe hélas un taux de suicide élevé chez les vétérans qui ont quitté les zones de conflit et sont revenus à la vie civile). Comme on le lit au chapitre 26 : « *Le génocide est une marée noire, ceux qui ne s'y sont pas noyés sont mazoutés à vie.* »

---

[26] *Dans l'abîme du génocide, l'extraordinaire survie à l'innommable d'Albertine*, AFP, 27 janvier 2021.

*Ce questionnaire à choix multiples (QCM) vous permettra de vérifier votre bonne connaissance du roman. Attention : il n'y a pas toujours qu'une seule bonne réponse !*

**1- Un premier événement au début du roman vient perturber l'enfance joyeuse de Gabriel. De quoi s'agit-il ?**

- ❑ Sa famille est victime d'un cambriolage
- ❑ Ses parents se séparent brutalement
- ❑ Son père tombe gravement malade
- ❑ Il est renvoyé de son établissement

**2- Au chapitre 4, le vélo de Gabriel est dérobé par le gardien de maison Calixte, puis revendu. Gabriel, Donatien et Innocent le retrouvent finalement dans un village, mais il appartient à une famille pauvre qui l'a acheté à prix d'or. Que fait Gabriel ?**

- ❑ Il leur laisse le vélo car il sait la valeur que cela représente pour eux
- ❑ Il prend le vélo mais leur donne une somme d'argent en compensation
- ❑ Il garde le vélo, égoïstement
- ❑ Il garde le vélo mais demande à son père d'en offrir un à la famille

**3- Où la bande de copains se retrouve pour passer de bons moments ?**

- ❑ Dans un combi Volkswagen situé sur un terrain de vague
- ❑ Dans les tribunes du stade de football, au centre-ville
- ❑ À la piscine située sur les hauteurs de Bujumbura
- ❑ Dans le jardin de Francis

**4- L'ennemi juré des amis de l'impasse va finalement se réconcilier avec eux et les rejoindre. De qui s'agit-il ?**

- ❑ Gino
- ❑ Francis
- ❑ Prothé
- ❑ Armand

**5- Au chapitre 21, Gabriel brave sa peur en faisant un acte courageux. Lequel ?**

- ❑ Il plonge dans la rivière pour sauver un chien de la noyade
- ❑ Il saute du haut d'un grand plongeoir
- ❑ Il protège son ami Armand menacé par un soldat d'une milice
- ❑ Il sauve un enfant piégé dans une maison en flammes

**6- Au chapitre 22, un événement politique ébranle la relative stabilité de la région. Yvonne en parle avec consternation. De quoi s'agit-il ?**

- ❑ Le président Melchior Ndadaye a été abattu
- ❑ Les présidents rwandais et burundais ont été tués
- ❑ Un coup d'État vient de se produire
- ❑ Un pays a déclaré la guerre au Burundi

**7- Quelle est la posture de Gabriel face à l'explosion de violence dans le pays ?**

- ❑ Il prend position contre les Hutus en s'engageant dans une milice
- ❑ Il souhaite rester neutre
- ❑ Il s'isole et se passionne pour la lecture
- ❑ Il devient militant politique

**8- Au chapitre 25, Gabriel découvre avec stupeur des objets inhabituels dans le réfrigérateur chez Gino. De quoi s'agit-il ?**

- ❑ Deux grenades
- ❑ Trois poignards
- ❑ Un sac d'explosifs artisanaux
- ❑ Cinq mortiers (fusées de feux d'artifice)

**9- Gabriel commet un acte grave vers la fin du roman. Lequel ?**

- ❑ Il met le feu à une voiture où se trouve un homme
- ❑ Il provoque la noyade d'un jeune de son âge
- ❑ Il blesse mortellement un homme en tirant sur lui avec une arme
- ❑ Il commet une agression physique sur un homme et lui vole sa montre

**10- Au dernier chapitre, on lit que la France a affrété deux avions pour rapatrier ses ressortissants. Qui embarque dans l'un d'eux ?**

- ❑ Gabriel, Ana et leurs parents
- ❑ Gabriel, Ana et leur mère
- ❑ Gabriel et Ana seulement
- ❑ Gabriel seul

**11- À la fin de l'histoire, Gabriel retourne au Burundi. Pour quelle raison ?**

- ❑ Son meilleur ami d'enfance, Gino, souhaite le revoir et l'invite
- ❑ Mme Economopoulos est décédée et a laissé des choses pour lui
- ❑ Il est lassé de sa vie en Île-de-France et voudrait s'installer dans son pays natal
- ❑ Il vient d'apprendre que sa mère a été retrouvée et il veut la rejoindre

**12- Gabriel retrouve l'un de ses anciens camarades. De qui s'agit-il ?**

- ❑ Gino
- ❑ Francis
- ❑ L'un des jumeaux
- ❑ Armand

**13- Que décide de faire Gabriel, à la toute fin du livre ?**

- ❑ Il décide de s'occuper de sa mère
- ❑ Il reste quelque temps au Burundi
- ❑ Il retourne en France pour régler une affaire urgente
- ❑ Il part sur les traces de sa belle-famille, au Rwanda

**1- ☑ Ses parents se séparent brutalement**

Cette séparation est un choc pour Gabriel. Il marque la fin de l'enfance heureuse : le bonheur « *s'échappe* » (chap. 3)

**2- ☑ Il garde le vélo, égoïstement**

Malgré les injonctions du bon Donatien, Gabriel refuse de laisser son vélo à la famille pauvre. Il le regrettera plus tard et ne remontera plus sur son vélo, mais comme le lui reprochera Donatien : « *Le mal est fait.* »

**3- ☑ Dans un combi Volkswagen situé sur un terrain de vague**

C'est le lieu où les amis se retrouvent et bavardent, s'amusent, écoutent de la musique, boivent et fument.

**4- ☑ Francis**

Francis est très tôt désigné par Gino comme l'ennemi juré du groupe des « *Kinanira Boyz* ». Finalement, Francis va rejoindre le groupe car Gino fait la paix avec lui : le fait qu'ils aient tous deux perdu leur mère les rapproche.

Francis aura une influence globalement négative sur le groupe, puisqu'il poussera ses camarades à prendre les armes et à combattre aux côtés de la milice tutsie des « *Sans-Défaite* », contrôlée par Innocent.

**5- ☑ Il saute du haut d'un grand plongeoir**

À la piscine du campus des Jésuites, Gabriel prend son courage à deux mains et saute du grand plongeoir. Il veut impressionner ses camarades, et surtout son meilleur ami Gino.

**6- ☑ Les présidents rwandais et burundais ont été tués**

Le 6 avril 1994, l'avion transportant les présidents Juvénal Habyarimana, président du Rwanda, et de Cyprien Ntaryamira, président du Burundi, est abattu par un missile. Cet événement marquera le point de départ du génocide contre les Tutsi (avril-juillet 1994).

**7- ☑ Il souhaite rester neutre ☑ Il s'isole et se passionne pour la lecture**

Gabriel ne veut pas prendre position ; il ne se sent ni Hutu, ni Tutsi et ne souhaite que vivre en paix avec les autres. Alors que le pays sombre dans le chaos, il s'isole et se réfugie dans la lecture, grâce à Mme Economopoulos qui lui prête des livres.

## 8- ☑ **Deux grenades**

Gabriel est effrayé par sa découverte. Gino explique qu'il a pu obtenir, avec Francis, ces deux grenades à un prix intéressant auprès du gang des « *Sans-Défaite* ».

## 9- ☑ **Il met le feu à une voiture où se trouve un homme**

Le chef de la milice des « *Sans-Défaite* », Innocent (l'ancien employé de Michel) ordonne à Gabriel, le fils de son ancien employeur, de jeter le briquet Zippo dans la voiture où se trouve le meurtrier présumé du père d'Armand. C'est Clapton, l'un des soldats du gang, qui lui a soufflé l'idée. Gabriel est donc responsable de la mort d'un homme.

## 10- ☑ **Gabriel et Ana seulement**

Les deux enfants disent au revoir à leur père, à l'aéroport ; leur mère a disparu. Michel sera assassiné quelques jours plus tard.

## 11- ☑ **Mme Economopoulos est décédée et a laissé des choses pour lui**

Sa gentille voisine est morte et lui a légué une malle de livres. C'est l'occasion de revenir au « petit pays » pour tenter de cicatriser les blessures du passé.

## 12- ☑ **Armand**

Gabriel retrouve son camarade Armand. Il est devenu cadre d'une grande banque.

## 13- ☑ **Il décide de s'occuper de sa mère** ☑ **Il reste quelque temps au Burundi**

Gabriel a retrouvé sa mère au Burundi. Il décide de rester un peu plus de temps que prévu sur place.

Il semble judicieux de visionner le **film *Petit Pays*** (2020, 1h50) qui est une adaptation du roman du même nom. On y retrouve une ambiance assez fidèle au livre, avec quelques légers changements. Ainsi, la maîtresse d'école et Madame Economopoulos sont une seule et même personne, tandis que Michel est plus attachant que dans le roman. On regrettera l'absence du passage de la piscine, qui marque pourtant une étape clé pour Gabriel. Toutefois, l'auteur Gaël Faye a contribué à la réalisation de ce film, et ce long-métrage reste fidèle à l'ambiance et à la trame de l'ouvrage.

Par ailleurs, nous vous conseillons vivement le visionnage du **film *Hôtel Rwanda*** (2004, 2h02), qui s'inspire de l'histoire Paul Rusesabagina (un Hutu), gérant de l'hôtel quatre étoiles *Les Mille Collines* à Kigali. Cet établissement abrita et sauva 1 268 Rwandais tutsis et hutus modérés, menacés par le génocide des Tutsi au Rwanda (1994). Ce long-métrage est particulièrement émouvant et retranscrit bien la terrible atmosphère qui régnait à l'époque, et a le mérite d'exposer le point de vue des Rwandais.

Le long-métrage ***Un dimanche à Kigali*** (2006, 1h58) traite du même sujet, avec une tonalité plus dramatique que le film ***Hôtel Rwanda***. Adapté du roman ***Un dimanche à la piscine à Kigali*** (2000), il évoque l'histoire d'amour entre un journaliste québécois épris d'une jeune rwandaise. Dans l'œuvre originale, la femme sera prise à tort pour une Tutsi et violentée par une milice.

Enfin, le film ***Shooting Dogs*** (2006, 1h54) aborde ces événements avec une approche plus pédagogique : il souligne, sur un ton assez juste, la responsabilité de l'ONU et des institutions internationales, des anciens colonisateurs et de certains hommes d'Église.

### Fiches de lectures illustrées

- « *Fiche de lecture illustrée -* **Rhinocéros**, *d'Eugène Ionesco* »
- « *Fiche de lecture illustrée -* **La Ferme des Animaux**, *de George Orwell* »
- « *Fiche de lecture illustrée -* **L'Étranger**, *d'Albert Camus* »
- « *Fiche de lecture illustrée -* **Candide**, *de Voltaire* »
- « *Fiche de lecture illustrée -* **L'Ingénu**, *de Voltaire* »
- « *Fiche de lecture illustrée -* **La Vague**, *de Todd Strasser* »
- « *Fiche de lecture illustrée -* **Oh les beaux jours**, *de Samuel Beckett* »
- « *Fiche de lecture illustrée -* **Les Bonnes**, *de Jean Genet* »
- « *Fiche de lecture illustrée -* **Inconnu à cette adresse**, *de Kressmann Taylor* »
- « *Fiche de lecture illustrée -* **Cannibale**, *de Didier Daeninckx* »
- « *Fiche de lecture illustrée -* **La petite fille de Monsieur Linh**, *de Philippe Claudel* »

### Divers

- « **J'apprends le français !** *- Exercices de français avec corrigés (Niveaux A2 à B1)* »
- « **J'apprends à lire et à écrire** *- Exercices d'écriture et de lecture du français (pour débutants ; alphabétisation)* »
- « *L'essentiel du livre :* **L'homme le plus riche de Babylone** »
- « **Comment réussir ses études** *: conseils et méthodes pour exceller après le bac* »

# Un mot de l'auteur

Mon objectif était de vous apporter le maximum d'informations autour de cette œuvre, en un minimum de temps. Même si Internet est une mine d'or d'informations, il est difficile de trouver les ressources essentielles et de les synthétiser. Conscient des difficultés à comprendre et mémoriser les œuvres littéraires, j'ai eu l'intention de faciliter les choses aux étudiants. J'espère avoir atteint cet objectif.

Si vous avez apprécié ce travail, je vous serais très reconnaissant de déposer un avis positif sur le livre. Cela représente une vraie récompense pour le grand travail réalisé en amont de cette fiche.

Je vous souhaite une très bonne continuation et beaucoup de réussite dans vos projets.

Frédéric Lippold

# Mentions légales

Frédéric Lippold © Tout droit réservé.

Première publication : 2021

Le Code de la propriété intellectuelle interdit les copies ou reproductions destinées à une utilisation collective. Toute représentation ou reproduction intégrale ou partielle faite par quelque procédé que ce soit, sans le consentement de l'auteur ou de ses ayant droit ou ayant cause, est illicite et constitue une contrefaçon sanctionnée par les articles L. 335-2 et suivants du Code de la propriété intellectuelle.